MAREN BERTRAM

NINJA CREAMI

– REZEPTBUCH –

Email: info@edition-lunerion.de
www.edition-lunerion.de

Psiana eCom UG
Berumer Str. 44
26844 Jemgum

Vorwort

Sie träumen von herrlich cremiger Eiscreme ganz nach Ihrem Geschmack? Sie möchten Ihren Gästen Dessertkreationen der Extraklasse servieren? Oder Sie genießen einfach gerne nach Feierabend ein samtig-süßes Sorbet? Dann ist der Ninja Creami Ihr bester Verbündeter und mit diesem Buch holen Sie das Maximum aus ihm heraus!

Perfekte Eiscreme, cremiges Gelato, erfrischendes Sorbet, Light-Eiscreme ganz ohne geschmackliche Abstriche oder herrliche Milchshakes: Wenn Sie all das gerne in hausgemacht genießen wollen, kommen Sie um den Ninja Creami nicht herum, und das Wundergerät liefert Ihnen noch viele weitere einzigartige Dessertgenüsse aus gefrorenen Zutaten. In dieser Rezeptsammlung entdecken Sie eine Riesenauswahl an köstlichen Kreationen, bei denen Naschkatzen das Wasser im Munde zusammenläuft, und das Beste daran? In den Leckereien ist nur genau das drin, was Sie wollen, und noch dazu wird Ihnen die Hauptarbeit vom Ninja Creami abgenommen. Dank spezieller Light- und Protein-Rezepte kommen auch gesundheitsbewusste Genießer auf ihre Kosten und mit Ideen für internationale Kreationen, Kindereiscreme oder Spezialitäten für besondere Anlässe finden Sie für jede Situation den optimalen Genuss und überraschen Familie, Freunde und Partygäste immer wieder aufs Neue.

Guten Appetit!

INHALT

Eiskalte Träume werden wahr!

Der Ninja Creami ist mehr als nur ein Küchengerät – er ist Ihr Ticket in eine Welt voller köstlicher, gefrorener Kreationen. Dieses innovative Gerät revolutioniert die Art und Weise, wie wir hausgemachte Desserts zubereiten. Mit seiner fortschrittlichen Technologie verwandelt der Ninja Creami gefrorene Zutaten in cremige Köstlichkeiten, die Ihren Gaumen verwöhnen werden.

Von klassischer Eiscreme über samtiges Gelato bis hin zu erfrischenden Sorbets und nahrhaften Smoothie-Bowls – der Ninja Creami eröffnet eine Fülle von Möglichkeiten für Dessertliebhaber und Gesundheitsbewusste gleichermaßen. Seine Vielseitigkeit erlaubt es Ihnen, Ihre Lieblingsrezepte zu perfektionieren oder völlig neue Kreationen zu erschaffen.

Einfach in der Handhabung und beeindruckend in den Ergebnissen, macht der Ninja Creami das Zubereiten von Frozen Treats zu einem mühelosen und freudigen Erlebnis. Ob Sie Ihre Familie mit einem Nachtisch überraschen oder Gäste mit individuellen Eiskreationen beeindrucken möchten – dieses Gerät wird schnell zu Ihrem unverzichtbaren Küchenhelfer.

VORTEILE UND BESONDERHEITEN DES GERÄTS

Der Ninja Creami zeichnet sich durch eine Reihe von Funktionen aus, die es Ihnen ermöglichen, eine breite Palette gefrorener Desserts mit präziser Kontrolle über Textur und Geschmack herzustellen. Jede Funktion ist speziell darauf ausgelegt, ein perfektes Ergebnis zu erzielen, sei es eine luftige Eiscreme oder ein cremiges Gelato. Lassen Sie uns einen genaueren Blick auf die verschiedenen Möglichkeiten werfen, die dieses vielseitige Gerät bietet:

- Eiscreme: Der Ninja Creami produziert luftige, perfekt texturierte Eiscreme bei etwa -17 °C, ideal für klassische Eisgenüsse.
- Gelato: Im Gegensatz zur Eiscreme wird Gelato langsamer gerührt, was zu einer dichteren, cremigeren Konsistenz bei circa -9 °C führt.
- Sorbet: Für erfrischende, fruchtbasierte Desserts ohne Milchprodukte ist die Sorbet-Funktion optimal.
- Smoothie-Bowl: Dickflüssige, nährstoffreiche Smoothies werden zu löffelbaren Bowls verarbeitet.
- Light Eiscreme: Eine kalorienärmere Alternative zur klassischen Eiscreme, ohne Kompromisse beim Geschmack.
- Milchshake: Cremige, trinkbare Desserts lassen sich mühelos zubereiten.
- Extras: Diese Funktion ermöglicht das Einarbeiten zusätzlicher Zutaten für individuelle Kreationen.

TOP-10-TIPPS FÜR IHREN NINJA CREAMI

1. Mehr Behälter, mehr Möglichkeiten: Schaffen Sie sich zusätzliche Behälter an. Der Ninja Creami wird standardmäßig mit zwei Behältern geliefert, aber mehr ermöglichen Ihnen, verschiedene Rezepte parallel vorzubereiten und zu experimentieren. Die Eismasse muss 24 Stunden gefrieren, daher sind extra Behälter praktisch für eine kontinuierliche Nutzung. Bestellen Sie diese am besten gleich mit dem Gerät.

2. Geduld beim Auftauen: Lassen Sie die gefrorenen Behälter vor der Verarbeitung 10 - 15 Minuten bei Raumtemperatur antauen. Dies verhindert, dass die Klingen stecken bleiben oder die Behälter beschädigt werden. Ein kurzes Antauen ist der Schlüssel zu einer reibungslosen Verarbeitung und schont Ihr Gerät.

3. Glatte Oberfläche für perfekte Ergebnisse: Wenn Sie Reste wieder einfrieren, achten Sie darauf, die Oberfläche zu glätten. Eine ebene Oberfläche garantiert eine gleichmäßige Verarbeitung beim nächsten Mal. Alternativ können Sie Reste in einen anderen Behälter umfüllen, um die Ninja Creami Behälter für neue Kreationen frei zu halten.

4. Eben gefroren ist halb gewonnen: Stellen Sie die Behälter zum Einfrieren auf eine ebene Fläche. Ungleichmäßiges Gefrieren kann zu Problemen bei der Verarbeitung führen und im schlimmsten Fall das Gerät beschädigen. Sollte sich durch die Ausdehnung der Flüssigkeit eine Wölbung bilden, glätten Sie diese vor der Verarbeitung.

5. Gründlich mischen für cremigen Genuss: Verwenden Sie einen Standmixer oder Stabmixer, um die Zutaten vor dem Einfrieren gründlich zu vermischen. Besonders wichtig ist dies bei dickflüssigen Zutaten wie Frischkäse. Eine glatte Ausgangsmischung ist der Grundstein für ein perfektes Endergebnis ohne unerwünschte Klümpchen.

6. Mehrmals verarbeiten für extra Cremigkeit: Scheuen Sie sich nicht davor, eine Mischung mehrmals zu verarbeiten. Wenn das Eis nach dem ersten Durchgang noch pulvrig ist, verarbeiten Sie es erneut. Manchmal hilft es, vor dem erneuten Verarbeiten etwas Flüssigkeit wie Milch oder Mandelmilch hinzuzufügen, um die Cremigkeit zu verbessern.

7. Direkt in den Behälter – kein Plastik: Frieren Sie die Zutaten immer direkt in den Ninja Creami Behältern ein. Verwenden Sie keine Plastikbeutel oder andere Behälter im Gerät, da dies zu Schäden führen kann. Die direkte Zubereitung in den mitgelieferten Behältern garantiert optimale Ergebnisse.

8. Einfach anfangen, Erfahrung sammeln: Beginnen Sie mit den Basisrezepten, um sich mit dem Gerät vertraut zu machen. Mit der Zeit werden Sie mutiger und können komplexere Kreationen wagen.

9. Lärmschutz für die Ohren: Seien Sie auf einen gewissen Geräuschpegel vorbereitet, besonders bei älteren Modellen. Der Ninja Creami kann während der Verarbeitung laut sein. Die Deluxe-Version ist etwas leiser. Überlegen Sie, das Gerät eventuell in einem separaten Raum zu betreiben oder Ohrstöpsel zu verwenden.

10. Textur-Tuning mit Guarkernmehl: Experimentieren Sie mit einer kleinen Menge Guarkernmehl (1/8 bis 1/4 Teelöffel pro Portion), um die Konsistenz zu verbessern. Dieses natürliche Verdickungsmittel kann helfen, Ihre Eiscreme noch cremiger und geschmeidiger zu machen. Fügen Sie es vor dem Einfrieren zur Mischung hinzu.

Basisrezepte

Zur Einführung in die Vielfalt des Ninja Creami finden Sie im Folgenden einfache Grundrezepte für Eiscreme, Light Eiscreme, Gelato, Sorbet, Smoothie-Bowl und Milchshake.

BASISREZEPT: VANILLE-EISCREME

4 Port.

1 Tag

Leicht

Zutaten

250 ml Vollmilch
125 ml Schlagsahne
75 g Zucker
½ EL Vanilleextrakt
1 Prise Salz

Nährwerte p. P.

250 kcal
30 g Kohlenhydrate
15 g Fett
4 g Eiweiß

1 Erwärmen Sie Milch, Schlagsahne und Zucker in einem mittelgroßen Topf bei mittlerer Hitze, bis sich der Zucker vollständig aufgelöst hat.

2 Nehmen Sie den Topf vom Herd und rühren Sie Vanilleextrakt sowie Salz ein.

3 Füllen Sie die Mischung in einen Ninja Creami Behälter und kühlen Sie sie auf Raumtemperatur ab.

4 Stellen Sie den Behälter für mindestens 24 Stunden in den Gefrierschrank, bis die Mischung vollständig gefroren ist.

5 Geben Sie den gefrorenen Block in die Ninja Creami Eismaschine. Wählen Sie das Ice-Cream-Programm und starten Sie die Maschine.

BASISREZEPT: LIGHT EISCREME VANILLE

2 Port.

1 Tag

Leicht

Zutaten

250 ml fettarme Milch (1,5 % Fett)
100 ml fettarme Schlagsahne (20 % Fett)
50 g Zuckerersatz (z. B. Erythrit)
½ EL Vanilleextrakt
1 Prise Salz

Nährwerte p. P.

150 kcal
20 g Kohlenhydrate
8 g Fett
3 g Eiweiß

1 Erhitzen Sie die fettarme Milch, Schlagsahne und den Zuckerersatz in einem mittelgroßen Topf bei mittlerer Temperatur, bis der Zuckerersatz sich komplett aufgelöst hat.

2 Nehmen Sie den Topf vom Herd und fügen Sie den Vanilleextrakt sowie die Prise Salz hinzu. Gut umrühren.

3 Gießen Sie die Mischung in einen Ninja Creami Behälter und lassen Sie sie auf Zimmertemperatur abkühlen.

4 Platzieren Sie den Behälter für mindestens 24 Stunden im Gefrierschrank, bis die Mischung fest gefroren ist.

5 Setzen Sie den gefrorenen Block in die Ninja Creami Eismaschine ein. Wählen Sie das Light-Ice-Cream-Programm und starten Sie das Gerät. Die Maschine wird die Mischung zu einer leichten, cremigen Eiscreme verarbeiten.

BASISREZEPT: VANILLE GELATO

2 Port.

1 Tag

Mittel

Zutaten

250 ml Vollmilch
125 ml Schlagsahne
100 g Zucker
1 Vanilleschote oder
1 EL Vanilleextrakt
4 Eigelbe
1 Prise Salz

Nährwerte p. P.

210 kcal
25 g Kohlenhydrate
10 g Fett
5 g Eiweiß

1 Erwärmen Sie Milch und Schlagsahne in einem Topf auf mittlerer Hitze. Schneiden Sie die Vanilleschote längs auf, kratzen Sie das Mark heraus und geben Sie beides in die Milch. Alternativ können Sie Vanilleextrakt verwenden. Geben Sie zuletzt eine Prise Salz hinzu.

2 Schlagen Sie Eigelb und Zucker in einer Schüssel schaumig. Entfernen Sie die Vanilleschote aus der heißen Milch. Gießen Sie langsam etwas von der heißen Milch unter ständigem Rühren in die Eigelb-Zucker-Mischung, um diese zu temperieren.

3 Gießen Sie die temperierte Eigelb-Mischung langsam zurück in den Topf mit der restlichen Milch, rühren Sie stetig weiter.

4 Köcheln Sie die Mischung bei niedriger Hitze weiter, bis sie eindickt und eine cremige Konsistenz erreicht hat.

5 Gießen Sie die Creme durch ein feines Sieb in einen Ninja Creami Behälter und lassen Sie sie auf Raumtemperatur abkühlen.

6 Stellen Sie den Behälter für mindestens 24 Stunden in den Gefrierschrank, bis die Mischung fest gefroren ist.

7 Geben Sie den gefrorenen Block in die Ninja Creami Eismaschine. Wählen Sie das Gelato-Programm und starten Sie das Gerät.

BASISREZEPT: ERDBEER-SORBET

2 Port.

1 Tag

Leicht

Zutaten

300 ml Wasser
200 g Zucker
500 g Erdbeeren, püriert
Saft von 1 Zitrone

Nährwerte p. P.

180 kcal
45 g Kohlenhydrate
0 g Fett
1 g Eiweiß

1 Erhitzen Sie Wasser und Zucker in einem mittelgroßen Topf auf mittlerer Flamme, bis der Zucker vollständig aufgelöst ist und ein klarer Sirup entsteht.

2 Vom Herd nehmen und das Erdbeerpüree sowie den Zitronensaft in den Sirup einrühren.

3 Gießen Sie die Mischung in einen flachen Behälter und stellen Sie diesen in den Kühlschrank, bis die Mischung gründlich abgekühlt ist.

4 Füllen Sie die Mischung in einen Ninja Creami Behälter und frieren Sie die abgekühlte Masse für mindestens 24 Stunden im Gefrierschrank ein.

5 Befestigen Sie den Behälter an Ihrem Ninja Creami. Stellen Sie das Gerät auf das Sorbet-Programm ein und starten Sie den Vorgang.

BASISREZEPT: SMOOTHIE-BOWL

2 Port.

1 Tag

Leicht

Zutaten

200 ml Mandelmilch oder eine andere pflanzliche Milch
2 reife Bananen, in Scheiben geschnitten
150 g gemischte Beeren (Erdbeeren, halbiert, Blaubeeren, Himbeeren)
1 EL Chiasamen
1 EL Honig oder ein anderes Süßungsmittel

Nährwerte p. P.

300 kcal
50 g Kohlenhydrate
5 g Fett
10 g Eiweiß

1 Geben Sie alle Zutaten direkt in einen Ninja Creami Smoothie-Bowl Behälter.

2 Stellen Sie den Behälter für mindestens 24 Stunden in den Gefrierschrank, bis die Mischung fest gefroren ist.

3 Wählen Sie das Smoothie-Bowl-Programm auf Ihrem Ninja Creami und starten Sie das Gerät.

4 Lassen Sie die Maschine die Zutaten zu einer glatten und cremigen Smoothie-Bowl verarbeiten.

5 Servieren Sie die fertige Smoothie-Bowl in zwei Schüsseln und garnieren Sie nach Belieben mit frischen Beeren, Nüssen, Samen oder Kokosraspeln.

BASISREZEPT: VANILLE-MILCHSHAKE

2 Port.

5 Min.

Leicht

Zutaten

400 ml kalte Vollmilch
150 g Vanilleeiscreme
100 ml Schlagsahne
2 EL Zucker
1 TL Vanilleextrakt

Optional:
zusätzliche Schlagsahne zum Garnieren

Nährwerte p. P.

320 kcal
42 g Kohlenhydrate
12 g Fett
8 g Eiweiß

1 Geben Sie alle Zutaten direkt in einen Ninja Creami Milchshake Behälter.

2 Sie können die Zutaten entweder sofort verarbeiten oder den Behälter für 1 - 2 Stunden in den Gefrierschrank stellen, um einen besonders kalten Milchshake zu erhalten.

3 Wählen Sie das Programm für Milchshakes und starten Sie das Gerät.

4 Lassen Sie den Ninja Creami die Zutaten mixen, bis der Milchshake glatt und cremig ist.

5 Sobald der Milchshake die gewünschte Konsistenz erreicht hat, gießen Sie ihn in zwei Gläser.

6 Servieren Sie den Milchshake sofort, optional garniert mit etwas zusätzlich geschlagener Sahne.

Milcheis

SCHOKOLADENEIS

 2 Port.

 1 Tag

 Leicht

Zutaten

500 ml Vollmilch
250 ml Sahne
100 g Zucker
50 g ungesüßtes Kakaopulver
1 TL Vanilleextrakt
1 Prise Salz

Nährwerte p. P.

300 kcal
35 g Kohlenhydrate
18 g Fett
5 g Eiweiß

1 Erwärmen Sie Milch, Sahne, Zucker und Kakaopulver in einem Topf über mittlerer Hitze, bis sich der Zucker und das Kakaopulver vollständig aufgelöst haben.

2 Vom Herd nehmen und Vanilleextrakt sowie 1 Prise Salz einrühren.

3 Kühlen Sie die Mischung auf Raumtemperatur ab.

4 Füllen Sie die Schokoladenmischung in den Ninja Creami Behälter und stellen Sie diesen für mindestens 24 Stunden in den Gefrierschrank.

5 Setzen Sie den gefrorenen Behälter in die Ninja Creami Eismaschine ein. Wählen Sie das Ice-Cream-Programm und starten Sie das Gerät.

6 Sobald die Maschine das Schokoladeneis cremig gerührt hat, entnehmen Sie es und genießen es sofort oder lagern Sie es weiter im Gefrierschrank.

KAFFEEEIS

2 Port.

1 Tag

Leicht

Zutaten

500 ml Sahne
200 ml starker, frisch gebrühter Kaffee
100 g Zucker
1 TL Vanilleextrakt
1 Prise Salz

Nährwerte p. P.

280 kcal
30 g Kohlenhydrate
17 g Fett
5 g Eiweiß

1 Gießen Sie Sahne, frisch gebrühten Kaffee, Zucker und 1 Prise Salz in einen Topf und erwärmen Sie die Mischung bei mittlerer Hitze, bis der Zucker vollständig gelöst ist.

2 Ziehen Sie den Topf vom Herd und mischen Sie den Vanilleextrakt unter. Lassen Sie die Mischung auf Raumtemperatur abkühlen.

3 Übertragen Sie die abgekühlte Kaffeemischung in den Ninja Creami Behälter. Stellen Sie den Behälter für mindestens 24 Stunden in den Gefrierschrank.

4 Platzieren Sie den gefrorenen Behälter in Ihrer Ninja Creami Eismaschine, wählen Sie das Ice-Cream-Programm und starten Sie die Maschine.

5 Nachdem das Gerät das Eis cremig gerührt hat, servieren Sie es direkt oder bewahren Sie es für eine festere Konsistenz noch einige Stunden im Gefrierschrank auf.

MINZE-SCHOKOLADENCHIP-EIS

2 Port.

1 Tag

Leicht

Zutaten

500 ml Sahne
250 ml Vollmilch
120 g Zucker
1 TL Pfefferminzextrakt
100 g dunkle Schokoladenchips
1 Prise Salz

Nährwerte p. P.

310 kcal
32 g Kohlenhydrate
18 g Fett
4 g Eiweiß

1 Erhitzen Sie Sahne, Milch und Zucker in einem Topf auf mittlerer Stufe, bis der Zucker sich aufgelöst hat.

2 Nehmen Sie den Topf vom Herd und rühren Sie Pfefferminzextrakt sowie Salz ein.

3 Lassen Sie die Mischung abkühlen, bis sie Raumtemperatur erreicht hat. Gießen Sie die abgekühlte Mischung in einen Ninja Creami Behälter. Frieren Sie den Behälter für mindestens 24 Stunden ein.

4 Setzen Sie den gefrorenen Behälter in die Ninja Creami Eismaschine ein, stellen Sie das Ice-Cream-Programm ein und starten Sie das Gerät.

5 Fügen Sie 5 Minuten vor Programmende die Schokoladenchips hinzu, damit sie gleichmäßig verteilt werden. Nutzen Sie dazu die Pause-Funktion oder nutzen Sie nach Ablauf der Zeit noch einmal das Extra-Programm, um diese unterzumischen.

6 Entnehmen Sie das Eis und servieren Sie es direkt oder bewahren Sie es für eine festere Konsistenz im Gefrierschrank auf.

KOKOSNUSSEIS

 2 Port.  1 Tag Leicht

Zutaten

400 ml Kokosmilch
200 ml Sahne
100 g Zucker
50 g Kokosraspeln
1 TL Vanilleextrakt
1 Prise Salz

Nährwerte p. P.

280 kcal
25 g Kohlenhydrate
20 g Fett
3 g Eiweiß

1 Erhitzen Sie Kokosmilch, Sahne und Zucker in einem Kochtopf auf mittlerer Hitze, bis der Zucker gelöst ist.

2 Ziehen Sie den Topf von der Hitze und rühren Sie Vanilleextrakt sowie Salz ein.

3 Kühlen Sie die Mischung auf Raumtemperatur ab. Streuen Sie Kokosraspeln in die Mischung und rühren Sie um.

4 Füllen Sie die Mischung in den Ninja Creami Behälter. Stellen Sie den Behälter in den Gefrierschrank und frieren Sie ihn für mindestens 24 Stunden ein.

5 Setzen Sie den gefrorenen Behälter in die Ninja Creami Eismaschine ein, wählen Sie das Ice-Cream-Programm und starten Sie die Maschine.

6 Sobald das Eis cremig gerührt ist, servieren Sie es oder bewahren Sie es im Gefrierschrank auf.

KARAMELLEIS

2 Port.

1 Tag

Mittel

Zutaten

500 ml Sahne
200 ml Vollmilch
150 g Zucker
50 ml Wasser
1 TL Vanilleextrakt
1 Prise Salz

Nährwerte p. P.

320 kcal
40 g Kohlenhydrate
18 g Fett
4 g Eiweiß

1 Kombinieren Sie Wasser und 100 g Zucker in einem Topf und erhitzen Sie diese bei mittlerer Hitze, bis sich der Zucker auflöst und zu goldbraunem Karamell wird.

2 Nehmen Sie den Topf von der Hitze und rühren Sie vorsichtig Sahne und Milch ein (Achtung, es kann spritzen).

3 Fügen Sie den restlichen Zucker, Vanilleextrakt und Salz hinzu und erhitzen Sie die Mischung bei niedriger Hitze, bis der Zucker vollständig gelöst ist.

4 Kühlen Sie die Mischung auf Raumtemperatur ab. Übertragen Sie die abgekühlte Mischung in den Ninja Creami Behälter. Gefrieren Sie den Behälter für mindestens 24 Stunden.

5 Platzieren Sie den gefrorenen Behälter in der Ninja Creami Eismaschine, wählen Sie das Ice-Cream-Programm und starten Sie das Gerät.

6 Sobald das Eis fertig gerührt ist, servieren Sie es oder lagern Sie es weiter im Gefrierschrank.

BUTTERKEKSEIS

2 Port. 1 Tag Leicht

Zutaten

500 ml Vollmilch
200 ml Sahne
100 g Zucker
150 g Butterkekse, grob zerbröselt
1 TL Vanilleextrakt
1 Prise Salz

Nährwerte p. P.

350 kcal
45 g Kohlenhydrate
20 g Fett
5 g Eiweiß

1 Erwärmen Sie Milch, Sahne und Zucker in einem Kochtopf auf mittlerer Flamme, bis der Zucker sich vollständig auflöst.

2 Vom Herd nehmen, Vanilleextrakt und Salz einrühren. Lassen Sie die Mischung abkühlen, bis sie Raumtemperatur erreicht hat. Fügen Sie die zerbröselten Butterkekse hinzu und mischen Sie alles gründlich.

3 Füllen Sie die Mischung in den Ninja Creami Behälter. Gefrieren Sie den Behälter für mindestens 24 Stunden.

4 Setzen Sie den gefrorenen Behälter in Ihre Ninja Creami Eismaschine ein, wählen Sie das Ice-Cream-Programm und starten Sie das Gerät.

5 Nachdem das Gerät das Eis cremig gerührt hat, servieren Sie es direkt oder lagern Sie es im Gefrierschrank.

TOFFEE-EIS

2 Port.

1 Tag

Mittel

Zutaten

400 ml Sahne
200 ml Vollmilch
120 g Zucker
100 g Toffeestückchen
1 TL Vanilleextrakt
1 Prise Salz

Nährwerte p. P.

330 kcal
38 g Kohlenhydrate
19 g Fett
4 g Eiweiß

1 Kombinieren Sie Sahne, Milch und Zucker in einem Topf und erwärmen Sie diese Zutaten auf mittlerer Stufe, bis der Zucker vollständig gelöst ist.

2 Entfernen Sie den Topf von der Wärmequelle und integrieren Sie Vanilleextrakt sowie Salz.

3 Kühlen Sie die Mischung, bis sie Raumtemperatur erreicht. Verteilen Sie die Toffeestückchen gleichmäßig in der abgekühlten Basis.

4 Transferieren Sie die fertige Mischung in den Ninja Creami Behälter. Frosten Sie den Behälter für mindestens 24 Stunden durch.

5 Setzen Sie den gefrorenen Behälter in die Ninja Creami Eismaschine ein, wählen Sie das Programm „Ice Cream“ und initiieren Sie den Vorgang.

6 Sobald das Eis fertig ist, genießen Sie es direkt oder bewahren Sie es im Gefrierschrank für später auf.

Fruchteis & Gemüseeis

MANGO-BASILIKUM-EIS

2 Port.

1 Tag

Leicht

Zutaten

400 ml Sahne
200 ml Vollmilch
150 g frische Mango, püriert
50 g Zucker
10 frische Basilikumblätter, fein gehackt
1 TL Vanilleextrakt
1 Prise Salz

Nährwerte p. P.

280 kcal
35 g Kohlenhydrate
15 g Fett
3 g Eiweiß

1 Erhitzen Sie Sahne, Milch und Zucker in einem mittelgroßen Topf bei mittlerer Hitze, bis der Zucker sich vollständig aufgelöst hat.

2 Vom Herd nehmen und das Mangopüree, gehackte Basilikumblätter, Vanilleextrakt und 1 Prise Salz einrühren.

3 Kühlen Sie die Mischung ab, bis sie Raumtemperatur erreicht. Füllen Sie die Mischung in den Ninja Creami Behälter. Platzieren Sie den Behälter für 24 Stunden im Gefrierschrank.

4 Setzen Sie den gefrorenen Behälter in Ihre Ninja Creami Eismaschine ein, wählen Sie das Ice-Cream-Programm und starten Sie das Gerät.

5 Nachdem das Gerät das Eis cremig gerührt hat, servieren Sie es direkt oder bewahren Sie es im Gefrierschrank auf.

BLAUBEER-ZITRONEN-EIS

 2 Port.
 1 Tag
 Leicht

Zutaten

400 ml Sahne
200 ml Vollmilch
150 g frische Blaubeeren
80 g Zucker
Saft und abgeriebene Schale von 1 Zitrone
1 TL Vanilleextrakt
1 Prise Salz

Nährwerte p. P.

270 kcal
30 g Kohlenhydrate
15 g Fett
3 g Eiweiß

1 Erwärmen Sie Sahne, Milch und Zucker in einem Topf auf mittlerer Stufe, bis der Zucker sich aufgelöst hat.

2 Fügen Sie die Blaubeeren, Zitronensaft sowie Zitronenschale hinzu und kochen Sie kurz auf. Nehmen Sie den Topf vom Herd und rühren Sie Vanilleextrakt und Salz ein.

3 Kühlen Sie die Mischung, bis sie Raumtemperatur erreicht hat. Überführen Sie die Mischung in den Ninja Creami Behälter. Gefrieren Sie den Behälter für mindestens 24 Stunden.

4 Setzen Sie den gefrorenen Behälter in die Ninja Creami Eismaschine ein und wählen Sie das Ice-Cream-Programm.

5 Sobald das Gerät das Eis cremig gerührt hat, servieren Sie es direkt oder lagern Sie es im Gefrierschrank für später.

KIRSCH-LAVENDEL-EIS

2 Port.

1 Tag

Mittel

Zutaten

500 ml Sahne
200 ml Vollmilch
100 g Zucker
150 g frische Kirschen, entsteint und halbiert
2 TL getrocknete Lavendelblüten
1 TL Vanilleextrakt
1 Prise Salz

Nährwerte p. P.

295 kcal
35 g Kohlenhydrate
16 g Fett
4 g Eiweiß

1 Kombinieren Sie Sahne, Milch und Zucker in einem Kochtopf und erwärmen Sie die Mischung bei mittlerer Hitze, bis der Zucker gelöst ist.

2 Geben Sie die Lavendelblüten hinzu und lassen Sie die Mischung für etwa 5 Minuten leicht köcheln. Fügen Sie die Kirschen hinzu und kochen Sie diese für weitere 5 Minuten.

3 Entfernen Sie den Topf von der Hitzequelle und mischen Sie Vanilleextrakt sowie Salz ein.

4 Kühlen Sie die Mischung, bis sie Raumtemperatur erreicht hat. Seihen Sie die Mischung durch ein feines Sieb, um die Lavendelblüten zu entfernen.

5 Gießen Sie die filtrierte Mischung in den Ninja Creami Behälter. Stellen Sie den Behälter für mindestens 24 Stunden in den Gefrierschrank.

6 Setzen Sie den gefrorenen Behälter in die Ninja Creami Eismaschine ein und stellen Sie das Ice-Cream-Programm ein.

7 Sobald das Gerät das Eis cremig gerührt hat, genießen Sie es direkt oder bewahren Sie es im Gefrierschrank auf.

APRIKOSEN-THYMIAN-EIS

2 Port.

1 Tag

Mittel

Zutaten

400 ml Sahne
200 ml Vollmilch
120 g Zucker
200 g frische Aprikosen, entkernt und gewürfelt
1 TL frischer Thymian, fein gehackt
1 TL Vanilleextrakt
1 Prise Salz

Nährwerte p. P.

260 kcal
30 g Kohlenhydrate
14 g Fett
3 g Eiweiß

1 Erhitzen Sie Sahne, Milch und Zucker in einem mittelgroßen Topf bei mittlerer Hitze, bis der Zucker aufgelöst ist.

2 Fügen Sie die Aprikosenwürfel und den Thymian hinzu und lassen Sie die Mischung für etwa 10 Minuten leicht köcheln, bis die Aprikosen weich sind.

3 Entfernen Sie den Topf von der Hitze und rühren Sie Vanilleextrakt sowie Salz unter.

4 Kühlen Sie die Mischung ab, bis sie Raumtemperatur erreicht hat. Pürieren Sie die Mischung, bis sie glatt ist.

5 Gießen Sie die glatte Mischung in den Ninja Creami Behälter. Stellen Sie den Behälter in den Gefrierschrank und lassen Sie ihn für mindestens 24 Stunden einfrieren.

6 Setzen Sie den gefrorenen Behälter in Ihre Ninja Creami Eismaschine ein, wählen Sie das Ice-Cream-Programm und aktivieren Sie die Funktion.

7 Sobald das Gerät das Eis cremig gerührt hat, servieren Sie es direkt oder lagern Sie es im Gefrierschrank für eine festere Konsistenz.

KAROTTEN-INGWER-EIS

2 Port.

1 Tag

Mittel

Zutaten

500 ml Sahne
150 ml Vollmilch
100 g Zucker
200 g Karotten, fein gerieben
2 EL frischer Ingwer, fein gerieben
1 TL Vanilleextrakt
1 Prise Salz

Nährwerte p. P.

280 kcal
32 g Kohlenhydrate
15 g Fett
4 g Eiweiß

1 Erwärmen Sie Sahne, Milch und Zucker in einem Kochtopf auf mittlerer Stufe, bis der Zucker sich vollständig auflöst.

2 Fügen Sie die geriebenen Karotten und Ingwer hinzu und kochen Sie die Mischung für etwa 15 Minuten, bis die Karotten weich sind. Vom Herd nehmen und Vanilleextrakt sowie Salz einrühren.

3 Lassen Sie die Mischung abkühlen, bis sie Raumtemperatur erreicht hat. Pürieren Sie die Mischung, bis sie glatt ist.

4 Füllen Sie die glatte Mischung in den Ninja Creami Behälter. Stellen Sie den Behälter in den Gefrierschrank und frieren Sie ihn für mindestens 24 Stunden ein.

5 Platzieren Sie den gefrorenen Behälter in der Ninja Creami Eismaschine, wählen Sie das Ice-Cream-Programm und starten Sie die Maschine.

6 Sobald das Eis fertig gerührt ist, genießen Sie es direkt oder lagern Sie es weiterhin im Gefrierschrank.

AVOCADO-LIMETTEN-EIS

2 Port. 1 Tag Leicht

Zutaten

500 ml Sahne
150 g reife Avocado, püriert
100 g Zucker
Saft und abgeriebene Schale von 2 Limetten
1 TL Vanilleextrakt
1 Prise Salz

Nährwerte p. P.

290 kcal
25 g Kohlenhydrate
20 g Fett
3 g Eiweiß

1 Kombinieren Sie Sahne, Avocadopüree, Zucker, Limettensaft, Limettenschale, Vanilleextrakt und Salz in einem Mixer, bis die Mischung glatt ist.

2 Überführen Sie die Mischung in den Ninja Creami Behälter.

3 Stellen Sie den Behälter in den Gefrierschrank und lassen Sie ihn für mindestens 24 Stunden einfrieren.

4 Setzen Sie den gefrorenen Behälter in Ihre Ninja Creami Eismaschine ein, wählen Sie das Ice-Cream-Programm und aktivieren Sie das Gerät.

5 Sobald das Eis fertig gerührt ist, servieren Sie es direkt oder bewahren Sie es im Gefrierschrank für später auf.

KÜRBIS-ZIMT-EIS

2 Port.

1 Tag

Mittel

Zutaten

400 ml Sahne
100 ml Vollmilch
150 g Kürbispüree
80 g Zucker
1 TL Zimt
½ TL Muskat
1 TL Vanilleextrakt
1 Prise Salz

Nährwerte p. P.

280 kcal
34 g Kohlenhydrate
15 g Fett
4 g Eiweiß

1 Erhitzen Sie Sahne, Milch und Kürbispüree in einem Topf auf mittlerer Hitze. Fügen Sie Zucker, Zimt, Muskat und 1 Prise Salz hinzu und rühren Sie, bis sich der Zucker auflöst.

2 Vom Herd nehmen und Vanilleextrakt unterrühren. Kühlen Sie die Mischung ab, bis sie Raumtemperatur erreicht.

3 Überführen Sie die abgekühlte Mischung in den Ninja Creami Behälter. Gefrieren Sie den Behälter für mindestens 24 Stunden.

4 Setzen Sie den gefrorenen Behälter in Ihre Ninja Creami Eismaschine ein, wählen Sie das Ice-Cream-Programm und starten Sie die Maschine.

5 Sobald das Eis cremig gerührt ist, servieren Sie es direkt oder lagern Sie es im Gefrierschrank für eine festere Konsistenz.

Nusseis

WALNUSS-HONIG-EIS

2 Port.

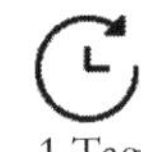
1 Tag

Leicht

Zutaten

400 ml Sahne
150 ml Vollmilch
80 g Honig
100 g Walnüsse, grob gehackt
1 TL Vanilleextrakt
1 Prise Salz

Nährwerte p. P.

310 kcal
28 g Kohlenhydrate
20 g Fett
5 g Eiweiß

1 Erwärmen Sie Sahne, Milch und Honig in einem Topf auf mittlerer Stufe, bis der Honig sich vollständig auflöst. Rühren Sie die gehackten Walnüsse, Vanilleextrakt und 1 Prise Salz ein.

2 Kühlen Sie die Mischung, bis sie Raumtemperatur erreicht hat. Überführen Sie die Mischung in den Ninja Creami Behälter. Gefrieren Sie den Behälter für mindestens 24 Stunden.

3 Setzen Sie den gefrorenen Behälter in die Ninja Creami Eismaschine ein, wählen Sie das Ice-Cream-Programm und starten Sie die Maschine.

4 Sobald das Eis cremig gerührt ist, servieren Sie es direkt oder lagern Sie es im Gefrierschrank ein.

MANDEL-KROKANT-EIS

2 Port.

1 Tag

Mittel

Zutaten

400 ml Sahne
150 ml Vollmilch
100 g Zucker
100 g Mandelkrokant
1 TL Vanilleextrakt
1 Prise Salz

Nährwerte p. P.

320 kcal
30 g Kohlenhydrate
22 g Fett
6 g Eiweiß

1 Geben Sie Sahne, Milch und Zucker in einen Topf und erhitzen Sie diese Zutaten bei mittlerer Hitze, bis der Zucker sich vollständig gelöst hat.

2 Nehmen Sie den Topf vom Herd und mischen Sie Vanilleextrakt und Salz unter.

3 Lassen Sie die Mischung abkühlen, bis sie Raumtemperatur angenommen hat. Rühren Sie den Mandelkrokant vorsichtig unter die abgekühlte Mischung.

4 Gießen Sie die Mischung in den Ninja Creami Behälter. Stellen Sie den Behälter in den Gefrierschrank und lassen Sie ihn mindestens 24 Stunden durchfrieren.

5 Platzieren Sie den gefrorenen Behälter in der Ninja Creami Eismaschine, wählen Sie das Programm „Ice Cream" und starten Sie die Maschine.

6 Sobald das Eis fertig gerührt ist, können Sie es sofort servieren oder für eine festere Konsistenz weiter im Gefrierschrank aufbewahren.

CASHEW-KARAMELL-EIS

2 Port.

1 Tag

Mittel

Zutaten

400 ml Sahne
200 ml Vollmilch
120 g Zucker
100 g Cashewkerne, grob gehackt
50 ml Karamellsoße
1 TL Vanilleextrakt
1 Prise Salz

Nährwerte p. P.

340 kcal
32 g Kohlenhydrate
24 g Fett
5 g Eiweiß

1 Vermischen Sie Sahne, Milch und Zucker in einem Topf und erhitzen Sie alles auf mittlerer Stufe, bis der Zucker vollständig aufgelöst ist.

2 Entfernen Sie den Topf von der Hitzequelle und geben Sie Vanilleextrakt sowie Salz hinzu.

3 Kühlen Sie die Mischung ab, bis sie Raumtemperatur erreicht hat. Fügen Sie die Cashewkerne und Karamellsoße hinzu und verrühren Sie alles gründlich.

4 Übertragen Sie die Mischung in den Ninja Creami Behälter. Frosten Sie den Behälter durch, indem Sie ihn für mindestens 24 Stunden in den Gefrierschrank stellen.

5 Installieren Sie den gefrorenen Behälter in Ihrer Ninja Creami Eismaschine, wählen Sie das Ice-Cream-Programm und initiieren Sie den Vorgang.

6 Wenn das Eis fertig ist, können Sie es direkt genießen oder für eine festere Konsistenz weiterhin im Gefrierschrank aufbewahren.

HASELNUSS-SCHOKOLADEN-EIS

2 Port.

1 Tag

Mittel

Zutaten

400 ml Sahne
200 ml Vollmilch
100 g Zucker
50 g ungesüßtes Kakaopulver
100 g Haselnüsse, geröstet und grob gehackt
1 TL Vanilleextrakt
1 Prise Salz

Nährwerte p. P.

330 kcal
29 g Kohlenhydrate
22 g Fett
5 g Eiweiß

1 Erhitzen Sie Sahne, Milch, Zucker und Kakaopulver in einem mittleren Topf auf mittlerer Stufe, bis der Zucker und das Kakaopulver sich vollständig auflösen.

2 Vom Herd nehmen und Vanilleextrakt sowie Salz einrühren. Kühlen Sie diese Grundmischung, bis sie Raumtemperatur erreicht hat. Integrieren Sie die gerösteten Haselnüsse in die abgekühlte Mischung.

3 Gießen Sie die fertige Mischung in den Ninja Creami Behälter. Platzieren Sie den Behälter für mindestens 24 Stunden im Gefrierschrank, um ihn durchzufrieren.

4 Installieren Sie den gefrorenen Behälter in Ihrer Ninja Creami Eismaschine, wählen Sie das Ice-Cream-Programm und starten Sie das Gerät.

5 Nachdem das Eis cremig gerührt ist, können Sie es direkt genießen oder lagern Sie es im Gefrierschrank ein.

PEKANNUSS-MAPLE-EIS

2 Port.

1 Tag

Leicht

Zutaten

400 ml Sahne
200 ml Vollmilch
100 ml reiner Ahornsirup
100 g Pekannüsse, geröstet und grob gehackt
1 TL Vanilleextrakt
1 Prise Salz

Nährwerte p. P.

340 kcal
30 g Kohlenhydrate
24 g Fett
5 g Eiweiß

1 Geben Sie Sahne, Milch und Ahornsirup in einen Topf und erhitzen Sie alles auf mittlerer Flamme, bis die Mischung gleichmäßig erwärmt ist.

2 Ziehen Sie den Topf von der Hitze und mischen Sie Vanilleextrakt und Salz unter.

3 Kühlen Sie die Mischung ab, bis sie Raumtemperatur erreicht hat. Fügen Sie die gerösteten Pekannüsse hinzu und rühren Sie gut um.

4 Überführen Sie die komplette Mischung in den Ninja Creami Behälter. Stellen Sie den Behälter in den Gefrierschrank und lassen Sie ihn mindestens 24 Stunden durchfrieren.

5 Platzieren Sie den gefrorenen Behälter in der Ninja Creami Eismaschine, wählen Sie das Ice-Cream-Programm und starten Sie die Maschine.

6 Nach Beendigung des Ice-Cream-Programms können Sie das Eis sofort genießen oder für zusätzliche Festigkeit einige Stunden im Gefrierschrank nachkühlen lassen.

MACADAMIA-VANILLE-EIS

2 Port.

1 Tag

Leicht

Zutaten

400 ml Sahne
200 ml Vollmilch
100 g Zucker
100 g Macadamianüsse, grob gehackt
1 TL Vanilleextrakt
1 Prise Salz

Nährwerte p. P.

360 kcal
28 g Kohlenhydrate
26 g Fett
5 g Eiweiß

1 Vermischen Sie in einem Topf auf mittlerer Hitze Sahne, Milch und Zucker, bis der Zucker sich auflöst. Vom Herd nehmen und Vanilleextrakt sowie Salz einrühren.

2 Kühlen Sie die Mischung ab, bis sie Raumtemperatur angenommen hat. Rühren Sie die gehackten Macadamianüsse unter.

3 Übertragen Sie die Eisbasis in den Ninja Creami Behälter. Frosten Sie die Mischung, indem Sie sie mindestens 24 Stunden im Gefrierschrank lagern.

4 Setzen Sie den gefrorenen Behälter in die Ninja Creami Eismaschine ein, wählen Sie das Ice-Cream-Programm und starten Sie die Maschine.

5 Nachdem das Gerät das Eis cremig verarbeitet hat, ist es bereit zum Genuss. Alternativ können Sie das Eis für ein paar Stunden im Gefrierschrank nachhärten lassen.

ERDNUSSBUTTER-SWIRL-EI

 2 Port.

 1 Tag

 Leicht

Zutaten

400 ml Sahne
200 ml Vollmilch
80 g Zucker
100 g cremige Erdnussbutter
1 TL Vanilleextrakt
1 Prise Salz

Nährwerte p. P.

350 kcal
30 g Kohlenhydrate
25 g Fett
7 g Eiweiß

1 Erwärmen Sie Sahne, Milch und Zucker in einem Topf über mittlerer Hitze, bis der Zucker gelöst ist. Nehmen Sie den Topf vom Herd und rühren Sie Vanilleextrakt und Salz ein.

2 Kühlen Sie die Mischung, bis sie Raumtemperatur erreicht. Integrieren Sie die Erdnussbutter, indem Sie diese vorsichtig unter die abgekühlte Mischung heben, um einen Swirl-Effekt zu erzeugen.

3 Füllen Sie die fertige Mischung in den Ninja Creami Behälter. Lagern Sie den Behälter mindestens 24 Stunden im Gefrierschrank, um ihn durchzufrieren.

4 Installieren Sie den gefrorenen Behälter in Ihrer Ninja Creami Eismaschine, wählen Sie das Ice-Cream-Programm und aktivieren Sie das Gerät.

5 Nachdem das Eis fertig gerührt ist, servieren Sie es sofort oder lagern Sie es noch einige Stunden im Gefrierschrank.

Veganes Eis

VANILLEEIS MIT KOKOSMILCH

2 Port.

1 Tag

Leicht

Zutaten

500 ml Kokosmilch
80 g Zucker
2 TL Vanilleextrakt
1 Prise Salz

Nährwerte p. P.

280 kcal
20 g Kohlenhydrate
22 g Fett
2 g Eiweiß

1 Erhitzen Sie Kokosmilch und Zucker in einem Topf auf mittlerer Stufe, bis der Zucker vollständig aufgelöst ist.

2 Entfernen Sie den Topf von der Herdplatte und mischen Sie Vanilleextrakt und Salz unter. Kühlen Sie die Mischung, bis sie Raumtemperatur erreicht hat.

3 Übertragen Sie die Mischung in den Ninja Creami Behälter. Stellen Sie den Behälter in den Gefrierschrank und lassen Sie ihn mindestens 24 Stunden durchfrieren.

4 Platzieren Sie den gefrorenen Behälter in der Ninja Creami Eismaschine, stellen Sie das Ice-Cream-Programm ein und starten Sie die Maschine.

5 Nachdem das Gerät das Eis cremig verarbeitet hat, ist es bereit zum Servieren.

SCHOKOLADEN-AVOCADO-EIS

 2 Port.  1 Tag Leicht

Zutaten

400 ml Kokosmilch
1 reife Avocado, püriert
50 g Kakaopulver
80 g Zucker
1 TL Vanilleextrakt
1 Prise Salz

Nährwerte p. P.

300 kcal
25 g Kohlenhydrate
23 g Fett
4 g Eiweiß

1 Vermengen Sie Kokosmilch, pürierte Avocado, Kakaopulver und Zucker in einem Topf und erwärmen Sie die Mischung bei mittlerer Hitze, bis der Zucker vollständig gelöst ist.

2 Vom Herd nehmen und Vanilleextrakt sowie Salz einrühren.

3 Kühlen Sie die Mischung ab, bis sie Raumtemperatur erreicht. Füllen Sie die Mischung in den Ninja Creami Behälter.

4 Lagern Sie den Behälter im Gefrierschrank und lassen Sie ihn mindestens 24 Stunden gefrieren.

5 Platzieren Sie den gefrorenen Behälter in Ihrer Ninja Creami Eismaschine, wählen Sie das Ice-Cream-Programm und betätigen Sie die Starttaste.

6 Entnehmen Sie das Eis nach dem Durchlauf der Maschine und servieren Sie es umgehend oder geben Sie es für eine zusätzliche Festigung zurück in den Gefrierschrank.

CASHEW-BUTTER-PEKANNUSS-EIS

2 Port.

1 Tag

Mittel

Zutaten

400 ml Cashew-Milch
150 g Cashew-Butter
80 g Zucker
100 g Pekannüsse, geröstet und grob gehackt
1 TL Vanilleextrakt
1 Prise Salz

Nährwerte p. P.

350 kcal
28 g Kohlenhydrate
26 g Fett
6 g Eiweiß

1 Erwärmen Sie Cashew-Milch und Zucker in einem Topf auf mittlerer Stufe, bis der Zucker vollständig gelöst ist.

2 Nehmen Sie den Topf von der Hitze und mischen Sie Cashew-Butter, Vanilleextrakt sowie Salz ein.

3 Kühlen Sie die Mischung ab, bis sie Raumtemperatur erreicht. Rühren Sie die gehackten Pekannüsse unter.

4 Füllen Sie die Eisbasis in den Ninja Creami Behälter. Stellen Sie den Behälter in den Gefrierschrank und lassen Sie ihn mindestens 24 Stunden durchfrieren.

5 Setzen Sie den gefrorenen Behälter in Ihre Ninja Creami Eismaschine ein, wählen Sie das Ice-Cream-Programm und starten Sie die Maschine.

6 Nachdem das Gerät das Eis fertig verarbeitet hat, können Sie es sofort servieren oder für ein noch festeres Ergebnis einige Stunden im Gefrierschrank belassen.

HIMBEER-SCHOKOCHIP-EIS

2 Port.

1 Tag

Leicht

Zutaten

400 ml Kokosmilch
150 g frische Himbeeren
80 g Zucker
50 g vegane Schokoladenstückchen
1 TL Vanilleextrakt
1 Prise Salz

Nährwerte p. P.

260 kcal
32 g Kohlenhydrate
14 g Fett
3 g Eiweiß

1 Kombinieren Sie Kokosmilch, Himbeeren und Zucker in einem Mixer und mixen Sie alles, bis eine glatte Mischung entsteht.

2 Fügen Sie Vanilleextrakt und 1 Prise Salz hinzu und mixen Sie nochmals kurz durch.

3 Kühlen Sie die Mischung, bis sie Raumtemperatur erreicht. Mischen Sie die Schokoladenstückchen unter.

4 Übertragen Sie die vorbereitete Mischung in den Ninja Creami Behälter. Stellen Sie den Behälter in den Gefrierschrank und frieren Sie ihn für mindestens 24 Stunden durch.

5 Setzen Sie den gefrorenen Behälter in Ihre Ninja Creami Eismaschine ein, wählen Sie das Ice-Cream-Programm und starten Sie die Maschine.

6 Nach Abschluss des Rührvorgangs können Sie das Eis sofort servieren oder es für zusätzliche Festigkeit einige Stunden im Gefrierschrank belassen.

PISTAZIEN-EIS

2 Port.

1 Tag

Leicht

Zutaten

400 ml Mandelmilch
100 g Pistazien, ungesalzen und fein gemahlen
80 g Zucker
1 TL Vanilleextrakt
1 Prise Salz

Nährwerte p. P.

280 kcal
26 g Kohlenhydrate
18 g Fett
6 g Eiweiß

1 Erwärmen Sie Mandelmilch, gemahlene Pistazien und Zucker in einem Topf auf mittlerer Hitze, bis der Zucker vollständig aufgelöst ist.

2 Entfernen Sie den Topf von der Wärmequelle und rühren Sie Vanilleextrakt sowie Salz ein.

3 Kühlen Sie diese Mischung ab, bis sie Raumtemperatur erreicht. Überführen Sie die Mischung in den Ninja Creami Behälter.

4 Platzieren Sie den Behälter in den Gefrierschrank und lassen Sie ihn mindestens 24 Stunden durchfrieren.

5 Installieren Sie den gefrorenen Behälter in Ihrer Ninja Creami Eismaschine, wählen Sie das Ice-Cream-Programm und betätigen Sie die Starttaste.

6 Entnehmen Sie das Eis nach dem Rührvorgang und servieren Sie es direkt oder lassen Sie es für ein dichteres Ergebnis noch einige Stunden im Gefrierschrank nachhärten.

BLAUBEER-LAVENDEL-EIS

2 Port.

1 Tag

Leicht

Zutaten

400 ml Kokosmilch
150 g frische Blaubeeren
80 g Zucker
1 TL getrocknete Lavendelblüten
1 TL Vanilleextrakt
1 Prise Salz

Nährwerte p. P.

250 kcal
35 g Kohlenhydrate
12 g Fett
2 g Eiweiß

1 Erhitzen Sie Kokosmilch, Blaubeeren, Zucker und Lavendelblüten in einem Topf bei mittlerer Hitze, bis die Blaubeeren weich werden und der Zucker sich aufgelöst hat.

2 Entfernen Sie den Topf von der Hitze und lassen Sie die Mischung leicht abkühlen.

3 Pürieren Sie die Mischung, bis eine glatte Konsistenz erreicht ist. Vanilleextrakt und Salz einrühren.

4 Kühlen Sie die Mischung ab, bis sie Raumtemperatur erreicht hat.

5 Füllen Sie die Mischung in den Ninja Creami Behälter. Platzieren Sie den Behälter für mindestens 24 Stunden im Gefrierschrank.

6 Setzen Sie den gefrorenen Behälter in Ihre Ninja Creami Eismaschine ein, wählen Sie das Ice-Cream-Programm und starten Sie die Maschine.

7 Nach dem Rührvorgang können Sie das Eis sofort servieren oder es für ein festeres Ergebnis noch einige Stunden im Gefrierschrank aufbewahren.

Sorbets

LIMETTEN-BASILIKUM-SORBET

2 Port. 1 Tag Leicht

Zutaten

400 ml Wasser
150 ml frischer Limettensaft
100 g Zucker
10 g frische Basilikumblätter
1 TL fein abgeriebene Limettenschale
1 Prise Salz

Nährwerte p. P.

130 kcal
32 g Kohlenhydrate
0 g Fett
0 g Eiweiß

1 Wasser, Limettensaft, Zucker, Salz und Limettenschale in einem Topf bei mittlerer Hitze erwärmen, bis der Zucker vollständig gelöst ist.

2 Die Basilikumblätter hinzufügen und den Topf von der Hitzequelle nehmen. Einige Minuten ziehen lassen, damit das Basilikumaroma durchdringt.

3 Die Mischung leicht abkühlen und dann die Basilikumblätter entfernen. Kühlen Sie die Mischung ab, bis sie Raumtemperatur erreicht hat.

4 Übertragen Sie die abgekühlte Mischung in den Ninja Creami Behälter. Platzieren Sie den Behälter im Gefrierschrank und frieren Sie ihn mindestens 24 Stunden lang durch.

5 Setzen Sie den gefrorenen Behälter in Ihre Ninja Creami Eismaschine ein, wählen Sie das Sorbet-Programm und starten Sie die Maschine.

6 Nach dem Rührvorgang können Sie das Sorbet sofort genießen.

GRANATAPFEL-CHAMPAGNER-SORBET

2 Port.

1 Tag

Leicht

Zutaten

400 ml Granatapfelsaft
150 ml Champagner
100 g Zucker
1 TL Zitronensaft
1 Prise Salz

Nährwerte p. P.

140 kcal
28 g Kohlenhydrate
0 g Fett
0 g Eiweiß

1 Erwärmen Sie Granatapfelsaft, Champagner, Zucker, Salz und Zitronensaft in einem Topf bei mittlerer Hitze, bis der Zucker vollständig aufgelöst ist.

2 Nehmen Sie den Topf von der Hitze und lassen Sie die Mischung leicht abkühlen.

3 Füllen Sie die abgekühlte Mischung in den Ninja Creami Behälter. Stellen Sie den Behälter für mindestens 24 Stunden in den Gefrierschrank.

4 Setzen Sie den gefrorenen Behälter in Ihre Ninja Creami Eismaschine ein, wählen Sie das Sorbet-Programm und starten Sie die Maschine.

5 Servieren Sie das Sorbet nach dem Rührvorgang sofort oder bewahren Sie es noch einige Stunden im Gefrierschrank auf.

SCHWARZE-JOHANNISBEERE-SORBET

2 Port.

1 Tag

Leicht

Zutaten

400 ml Wasser
200 g Schwarze Johannisbeeren
100 g Zucker
2 TL Zitronensaft
1 Prise Salz

Nährwerte p. P.

120 kcal
30 g Kohlenhydrate
0 g Fett
1 g Eiweiß

1 Geben Sie Wasser, Schwarze Johannisbeeren und Zucker in einen Topf und erhitzen Sie die Mischung auf mittlerer Stufe, bis die Beeren weich sind und der Zucker sich aufgelöst hat.

2 Fügen Sie Zitronensaft und Salz hinzu und rühren Sie um. Pürieren Sie die Mischung bis zur gewünschten Konsistenz. Kühlen Sie die Mischung ab, bis sie Raumtemperatur erreicht hat.

3 Gießen Sie die abgekühlte Mischung in den Ninja Creami Behälter. Frosten Sie den Behälter, indem Sie ihn mindestens 24 Stunden in den Gefrierschrank stellen.

4 Setzen Sie den gefrorenen Behälter in Ihre Ninja Creami Eismaschine ein, wählen Sie das Sorbet-Programm und starten Sie die Maschine.

5 Servieren Sie das Sorbet direkt nach dem Rührvorgang oder lagern Sie es für ein festeres Ergebnis noch einige Stunden im Gefrierschrank.

PFIRSICH-INGWER-SORBET

2 Port.

1 Tag

Leicht

Zutaten

400 ml Wasser
200 g reife Pfirsiche, geschält und gewürfelt
100 g Zucker
2 TL frischer Ingwer, fein gerieben
1 TL Zitronensaft
1 Prise Salz

Nährwerte p. P.

135 kcal
33 g Kohlenhydrate
0 g Fett
1 g Eiweiß

1 Kombinieren Sie Wasser, Pfirsichwürfel, Zucker und geriebenen Ingwer in einem Topf und erhitzen Sie diese bei mittlerer Hitze, bis die Pfirsiche weich werden.

2 Rühren Sie Zitronensaft und Salz ein. Pürieren Sie die Mischung, bis sie glatt ist. Kühlen Sie die Mischung, bis sie Raumtemperatur erreicht hat.

3 Überführen Sie die abgekühlte Mischung in den Ninja Creami Behälter. Stellen Sie den Behälter für mindestens 24 Stunden in den Gefrierschrank.

4 Setzen Sie den gefrorenen Behälter in Ihre Ninja Creami Eismaschine ein, wählen Sie das Sorbet-Programm und starten Sie die Maschine.

5 Nach dem Rührvorgang können Sie das Sorbet direkt genießen.

KIWI-ANANAS-SORBET

2 Port.

1 Tag

Leicht

Zutaten

150 g reife Kiwis, geschält und püriert
150 g Ananasstücke, püriert
80 g Zucker
1 TL Zitronensaft
200 ml Wasser
1 Prise Salz

Nährwerte p. P.

145 kcal
35 g Kohlenhydrate
0 g Fett
1 g Eiweiß

1 Vermischen Sie Kiwipüree, Ananaspüree, Zucker, Zitronensaft, Wasser und 1 Prise Salz in einer Schüssel.

2 Rühren Sie die Mischung durch, bis der Zucker sich vollständig aufgelöst hat.

3 Gießen Sie die Mischung in den Ninja Creami Behälter. Stellen Sie den Behälter für mindestens 24 Stunden in den Gefrierschrank.

4 Platzieren Sie den gefrorenen Behälter in Ihrer Ninja Creami Eismaschine, wählen Sie das Sorbet-Programm und starten Sie die Maschine.

5 Servieren Sie das Sorbet direkt nach der Verarbeitung oder lagern Sie es im Gefrierschrank.

MANGO-PASSIONSFRUCHT-SORBET

2 Port.

1 Tag

Leicht

Zutaten

200 g Mangofruchtfleisch, püriert
100 g Passionsfruchtmark
80 g Zucker
1 TL Zitronensaft
200 ml Wasser
1 Prise Salz

Nährwerte p. P.

145 kcal
36 g Kohlenhydrate
0 g Fett
1 g Eiweiß

1 Kombinieren Sie Mangopüree, Passionsfruchtmark, Zucker, Zitronensaft, Wasser und Salz in einer Schüssel.

2 Rühren Sie die Mischung um, bis der Zucker sich vollständig aufgelöst hat.

3 Überführen Sie die Mischung in den Ninja Creami Behälter. Gefrieren Sie den Behälter für mindestens 24 Stunden.

4 Installieren Sie den gefrorenen Behälter in Ihrer Ninja Creami Eismaschine, wählen Sie das Sorbet-Programm und betätigen Sie die Starttaste.

5 Servieren Sie das Sorbet unmittelbar nach der Verarbeitung oder bewahren Sie es für ein festeres Ergebnis weitere Stunden im Gefrierschrank auf.

HIMBEER-CITRUS-SORBET

2 Port. 1 Tag Leicht

Zutaten

200 g Himbeeren, püriert
100 ml frischer Orangensaft
50 ml Zitronensaft
100 g Zucker
150 ml Wasser
1 Prise Salz

Nährwerte p. P.

120 kcal
30 g Kohlenhydrate
0 g Fett
1 g Eiweiß

1 Vermischen Sie das Himbeerpüree, Orangensaft, Zitronensaft, Zucker, Wasser und 1 Prise Salz in einer Schüssel.

2 Rühren Sie die Mischung so lange, bis der Zucker sich vollständig aufgelöst hat.

3 Überführen Sie die flüssige Mischung in den Ninja Creami Behälter. Stellen Sie den Behälter für mindestens 24 Stunden in den Gefrierschrank.

4 Platzieren Sie den gefrorenen Behälter in Ihrer Ninja Creami Eismaschine, wählen Sie das Sorbet-Programm und starten Sie die Maschine.

5 Servieren Sie das Sorbet direkt nach der Verarbeitung oder bewahren Sie es weiterhin im Gefrierschrank auf.

ZITRONEN-BASILIKUM-SORBET

2 Port.

1 Tag

Leicht

Zutaten

400 ml Wasser
150 ml frischer Zitronensaft
100 g Zucker
10 g frische Basilikumblätter
1 TL Zitronenschale
1 Prise Salz

Nährwerte p. P.

150 kcal
35 g Kohlenhydrate
0 g Fett
0 g Eiweiß

1 Wasser, Salz, Zitronensaft, Zucker und Zitronenschale in einem Topf auf mittlerer Hitze erwärmen, bis der Zucker vollständig aufgelöst ist.

2 Basilikumblätter hinzufügen und die Mischung vom Herd nehmen. Kurz ziehen lassen, bis das Basilikumaroma durchdringt.

3 Die Mischung leicht abkühlen lassen und dann die Basilikumblätter entfernen. Kühlen Sie die Mischung ab, bis sie Raumtemperatur erreicht hat.

4 Füllen Sie die abgekühlte Mischung in den Ninja Creami Behälter. Stellen Sie den Behälter für mindestens 24 Stunden in den Gefrierschrank.

5 Setzen Sie den gefrorenen Behälter in Ihre Ninja Creami Eismaschine ein, wählen Sie das Sorbet-Programm und starten Sie die Maschine.

6 Nach dem Rührvorgang können Sie das Sorbet sofort genießen.

MANGO-KOKOS-SORBET

2 Port.

1 Tag

Leicht

Zutaten

300 ml Kokoswasser
200 g reife Mango, püriert
80 g Zucker
50 ml Kokosmilch
Saft von 1 Limette
1 Prise Salz

Nährwerte p. P.

180 kcal
30 g Kohlenhydrate
5 g Fett
1 g Eiweiß

1 Vermischen Sie Kokoswasser, Mangopüree, Zucker, Kokosmilch, Limettensaft und 1 Prise Salz in einem großen Gefäß.

2 Rühren Sie die Mischung kräftig durch, bis der Zucker vollständig aufgelöst ist. Kühlen Sie die Mischung ab, bis sie Raumtemperatur erreicht hat.

3 Gießen Sie die abgekühlte Mischung in den Ninja Creami Behälter. Frosten Sie den Behälter, indem Sie ihn mindestens 24 Stunden in den Gefrierschrank stellen.

4 Installieren Sie den gefrorenen Behälter in Ihrer Ninja Creami Eismaschine, wählen Sie das Sorbet-Programm und betätigen Sie die Starttaste.

5 Nach Abschluss des Programms ist das Sorbet bereit zum Servieren. Falls gewünscht, können Sie es noch einige Stunden im Gefrierschrank nachhärten lassen, um es fester zu machen.

Light Eiscreme & proteinreiche Eiscremes

LIGHT VANILLE-PROTEIN-EISCREME

2 Port.

1 Tag

Leicht

Zutaten

300 ml Magermilch
50 ml Sahne
60 g Vanille-Proteinpulver
50 g Xylit (oder ein anderer kalorienarmer Süßstoff)
1 TL Vanilleextrakt
1 Prise Salz

Nährwerte p. P.

180 kcal
20 g Kohlenhydrate
5 g Fett
15 g Eiweiß

1 Verquirlen Sie Magermilch, Sahne, Vanille-Proteinpulver, Xylit, Vanilleextrakt und 1 Prise Salz in einer Schüssel, bis alles gut vermischt ist.

2 Überführen Sie die Mischung in den Ninja Creami Behälter.

3 Stellen Sie den Behälter in den Gefrierschrank und frieren Sie ihn mindestens 24 Stunden durch.

4 Installieren Sie den gefrorenen Behälter in Ihrer Ninja Creami Eismaschine und wählen Sie das Light-Ice-Cream-Programm, um die Mischung zu verarbeiten.

5 Genießen Sie die Eiscreme sofort nach der Verarbeitung oder, falls Sie eine festere Konsistenz bevorzugen, lagern Sie sie noch einige Stunden im Gefrierschrank.

LIGHT SCHOKOLADEN-MOLKENPROTEIN-EIS

2 Port.

1 Tag

Leicht

Zutaten

300 ml Magermilch
50 ml fettarme Sahne
60 g Schokoladen-Molkenproteinpulver
50 g Xylit (oder ein anderer kalorienarmer Süßstoff)
2 TL Kakaopulver, ungesüßt
1 Prise Salz

Nährwerte p. P.

190 kcal
22 g Kohlenhydrate
6 g Fett
16 g Eiweiß

1 Geben Sie Magermilch, fettarme Sahne, Schokoladen-Molkenproteinpulver, Xylit, Kakaopulver und 1 Prise Salz in eine große Schüssel und verrühren Sie alles gründlich, bis eine gleichmäßige Mischung entsteht.

2 Übertragen Sie diese Mischung sorgfältig in den Ninja Creami Behälter.

3 Lassen Sie den Behälter im Gefrierschrank und frieren Sie die Mischung mindestens 24 Stunden lang durch.

4 Setzen Sie den gefrorenen Behälter in Ihre Ninja Creami Eismaschine ein, wählen Sie das Light-Ice-Cream-Programm aus und starten Sie den Verarbeitungszyklus.

5 Nehmen Sie die Eiscreme direkt nach dem Rührprozess heraus oder bewahren Sie sie noch einige Stunden im Gefrierschrank auf.

LIGHT ERDBEER-KEFIR-EISCREME

2 Port.

1 Tag

Leicht

Zutaten

300 ml Kefir
150 g Erdbeeren, püriert
50 g Honig
1 TL Zitronensaft
1 Prise Salz

Nährwerte p. P.

160 kcal
25 g Kohlenhydrate
3 g Fett
8 g Eiweiß

1 Kombinieren Sie Kefir, pürierte Erdbeeren, Honig, Zitronensaft und 1 Prise Salz in einer Schüssel.

2 Verrühren Sie alle Zutaten, bis eine homogene Flüssigkeit entsteht.

3 Gießen Sie die fertige Mischung in den Ninja Creami Behälter. Platzieren Sie den Behälter zur Durchfrostung für mindestens 24 Stunden im Gefrierschrank.

4 Führen Sie den gefrorenen Behälter in Ihre Ninja Creami Eismaschine ein, selektieren Sie das Light-Ice-Cream-Programm und initiieren Sie den Prozess.

5 Entnehmen Sie das Eis nach der Verarbeitung und genießen Sie es sofort oder lassen Sie es für ein kompakteres Ergebnis noch einige Zeit im Gefrierschrank.

MATCHA-PROTEIN-EIS MIT KOKOSMILCH

2 Port.

1 Tag

Leicht

Zutaten

250 ml Kokosmilch
60 g Vanille-Proteinpulver
2 TL Matcha-Pulver
50 g Xylit (oder ein anderer kalorienarmer Süßstoff)
1 Prise Salz

Nährwerte p. P.

180 kcal
20 g Kohlenhydrate
6 g Fett
12 g Eiweiß

1 Vermengen Sie Kokosmilch, Vanille-Proteinpulver, Matcha-Pulver, Xylit und 1 Prise Salz gründlich in einer Schüssel.

2 Überführen Sie die Mischung in den Ninja Creami Behälter. Frosten Sie den Behälter, indem Sie ihn mindestens 24 Stunden in den Gefrierschrank stellen.

3 Setzen Sie den gefrorenen Behälter in Ihre Ninja Creami Eismaschine ein, wählen Sie das Light-Ice-Cream-Programm und beginnen Sie den Verarbeitungszyklus.

4 Servieren Sie das Eis direkt nach der Zubereitung oder bewahren Sie es alternativ für eine feste Konsistenz noch einige Stunden im Gefrierschrank auf.

BLAUBEER-HÜTTENKÄSE-EIS

2 Port.

1 Tag

Leicht

Zutaten

250 g Hüttenkäse
150 g Blaubeeren, frisch oder gefroren
60 g Honig
1 TL Zitronensaft
1 Prise Salz

Nährwerte p. P.

175 kcal
18 g Kohlenhydrate
4 g Fett
12 g Eiweiß

1 Geben Sie den Hüttenkäse, die Blaubeeren, den Honig, den Zitronensaft und 1 Prise Salz in eine mittelgroße Schüssel. Nutzen Sie einen Handmixer oder einen Standmixer, um die Zutaten gründlich zu einer gleichmäßigen Masse zu verarbeiten.

2 Gießen Sie die glatte Mischung anschließend in den Ninja Creami Behälter. Versichern Sie sich, dass der Behälter nicht überfüllt ist, um eine optimale Durchfrostung zu gewährleisten.

3 Stellen Sie den Behälter anschließend in den Gefrierschrank. Lassen Sie die Masse mindestens 24 Stunden lang gefrieren, damit sie fest genug wird, um im Ninja Creami verarbeitet zu werden.

4 Nach der Gefrierzeit setzen Sie den Behälter in die Ninja Creami Eismaschine ein. Wählen Sie das Programm „Light Ice Cream", um eine leichtere Textur zu erzielen. Starten Sie das Gerät und lassen Sie es die Masse verarbeiten.

5 Sobald das Programm abgeschlossen ist, prüfen Sie die Konsistenz des Eises. Für ein sofortiges Genießen sollte das Eis cremig und leicht zu löffeln sein. Wenn Sie eine festere Konsistenz bevorzugen, stellen Sie das Eis für einige Stunden zurück in den Gefrierschrank.

KAFFEE-ESPRESSO-PROTEIN-EIS

2 Port.

1 Tag

Leicht

Zutaten

300 ml fettarme Milch
50 ml starker Espresso, abgekühlt
60 g Vanille-Proteinpulver
50 g Erythrit (oder ein anderer kalorienarmer Süßstoff)
1 TL lösliches Kaffeepulver
1 Prise Salz

Nährwerte p. P.

190 kcal
18 g Kohlenhydrate
5 g Fett
16 g Eiweiß

1 Rühren Sie fettarme Milch, Espresso, Vanille-Proteinpulver, Erythrit, lösliches Kaffeepulver und 1 Prise Salz in einer Rührschüssel bis zur vollständigen Homogenität zusammen.

2 Übertragen Sie die cremige Mischung sorgfältig in den Ninja Creami Behälter.

3 Bewahren Sie den Behälter zur vollständigen Durchfrostung für mindestens 24 Stunden im Gefrierschrank auf.

4 Platzieren Sie den gefrorenen Behälter in Ihrer Ninja Creami Eismaschine und wählen Sie das Light-Ice-Cream-Programm, um die Mischung zu verarbeiten.

5 Entnehmen Sie das Eis direkt nach der Zubereitung für sofortigen Genuss oder lassen Sie es für ein festeres Ergebnis noch einige Zeit im Gefrierschrank ruhen.

ZIMT-PROTEIN-EIS MIT MANDELMILCH

2 Port.

1 Tag

Leicht

Zutaten

300 ml Mandelmilch oder ungesüßte Vanille-Mandelmilch
60 g Vanille-Proteinpulver
2 TL Zimtpulver
40 g Xylit (oder ein anderer kalorienarmer Süßstoff)
1 Prise Salz

Nährwerte p. P.

180 kcal
15 g Kohlenhydrate
5 g Fett
20 g Eiweiß

1 Vermischen Sie Mandelmilch, Vanille-Proteinpulver, Zimtpulver, Xylit und 1 Prise Salz in einer mittelgroßen Schüssel, bis die Mischung glatt und homogen ist.

2 Füllen Sie die Zimtmischung in den Ninja Creami Behälter. Gefrieren Sie den Behälter im Gefrierschrank mindestens 24 Stunden lang, um sicherzustellen, dass die Masse vollständig durchfriert.

3 Setzen Sie den durchgefrorenen Behälter in Ihre Ninja Creami Eismaschine ein, wählen Sie das Light-Ice-Cream-Programm und starten Sie den Mixvorgang.

4 Entnehmen Sie das Eis nach der Verarbeitung und genießen Sie es direkt für ein cremiges Ergebnis oder lagern Sie es für ein festeres Eis noch einige Stunden im Gefrierschrank.

PROTEINREICHES PISTAZIEN-EIS

2 Port.

1 Tag

Leicht

Zutaten

300 ml ungesüßte Mandelmilch
60 g Pistazienmus
60 g Vanille-Proteinpulver
40 g Honig
1 TL Vanilleextrakt
1 Prise Salz

Nährwerte p. P.

220 kcal
18 g Kohlenhydrate
10 g Fett
20 g Eiweiß

1 Rühren Sie Mandelmilch, Pistazienmus, Vanille-Proteinpulver, Honig, Vanilleextrakt und Salz in einer großen Schüssel zusammen, bis die Mischung gleichmäßig und glatt ist.

2 Gießen Sie die Mischung dann in den Ninja Creami Behälter. Platzieren Sie den Behälter im Gefrierschrank und lassen Sie ihn mindestens 24 Stunden gefrieren, um eine optimale Konsistenz zu erreichen.

3 Installieren Sie den gefrorenen Behälter in Ihre Ninja Creami Eismaschine, wählen Sie das Light-Ice-Cream-Programm und starten Sie das Gerät.

4 Nehmen Sie das Eis nach dem Verarbeitungsvorgang heraus und servieren Sie es sofort oder geben Sie es zurück in den Gefrierschrank.

Kindereiscreme

REGENBOGEN-SPRINKEL-EISCREME

2 Port.

1 Tag

Leicht

Zutaten

250 ml Vollmilch
100 ml Sahne
50 g Zucker
1 TL Vanilleextrakt
40 g bunte Streusel
1 Prise Salz

Nährwerte p. P.

210 kcal
28 g Kohlenhydrate
9 g Fett
4 g Eiweiß

1 Vermischen Sie Vollmilch, Sahne, Zucker, Vanilleextrakt und 1 Prise Salz in einer Schüssel, bis der Zucker vollständig aufgelöst ist.

2 Füllen Sie die Mischung in den Ninja Creami Behälter. Bewahren Sie den Behälter im Gefrierschrank auf und frieren Sie ihn mindestens 24 Stunden durch.

3 Setzen Sie den gefrorenen Behälter in Ihre Ninja Creami Eismaschine ein, wählen Sie das Ice-Cream-Programm und betätigen Sie den Startknopf.

4 Kurz bevor das Eis fertig ist, fügen Sie die bunten Streusel hinzu. Wählen Sie dann die Extra-Funktion, um die Streusel gleichmäßig ins Eis einzuarbeiten, ohne sie zu zerkleinern.

5 Nehmen Sie das Eis heraus und servieren Sie es sofort oder stellen Sie es für eine festere Konsistenz noch für einige Stunden in den Gefrierschrank.

SCHOKOLADENKEKS-EISCREME

2 Port.

1 Tag

Leicht

Zutaten

250 ml Vollmilch
100 ml Sahne
50 g Zucker
1 TL Vanilleextrakt
100 g zerkrümelte Schokoladenkekse
1 Prise Salz

Nährwerte p. P.

260 kcal
34 g Kohlenhydrate
12 g Fett
5 g Eiweiß

1 Vermengen Sie Vollmilch, Sahne, Zucker, Vanilleextrakt und Salz in einer Schüssel, bis der Zucker sich komplett aufgelöst hat.

2 Schütten Sie die Grundmischung in den Ninja Creami Behälter. Lassen Sie den Behälter 24 Stunden im Gefrierschrank, um sicherzustellen, dass die Masse vollständig durchgefroren ist.

3 Nach der Gefrierzeit setzen Sie den Behälter in Ihre Ninja Creami Eismaschine ein und wählen das Ice-Cream-Programm.

4 Kurz vor Abschluss des Programms fügen Sie die zerkrümelten Schokoladenkekse hinzu und verwenden die Extra-Funktion, um die Kekse gleichmäßig unter das Eis zu mischen.

5 Genießen Sie die Eiscreme sofort oder bewahren Sie sie für eine festere Konsistenz länger im Gefrierschrank auf.

ZAUBERFEE-EISCREME

2 Port.

1 Tag

Leicht

Zutaten

250 ml Vollmilch
100 ml Sahne
50 g Zucker
Lebensmittelfarbe (rosa oder lila)
1 TL Vanilleextrakt
40 g essbarer Glitzer
1 Prise Salz

Nährwerte p. P.

240 kcal
35 g Kohlenhydrate
10 g Fett
5 g Eiweiß

1 Kombinieren Sie in einer großen Schüssel Vollmilch, Sahne, Zucker, Vanilleextrakt und Salz. Rühren Sie, bis sich der Zucker vollständig aufgelöst hat.

2 Nachdem die Mischung abgekühlt ist, geben Sie die Lebensmittelfarbe hinzu, bis der gewünschte Farbton erreicht ist.

3 Füllen Sie die Mischung in den Ninja Creami Behälter. Gefrieren Sie den Behälter mindestens 24 Stunden im Gefrierschrank.

4 Setzen Sie den gefrorenen Behälter in Ihre Ninja Creami Eismaschine ein, wählen Sie das Ice-Cream-Programm und starten Sie die Maschine.

5 Kurz vor dem Ende des Programms fügen Sie den essbaren Glitzer hinzu und nutzen die Extra-Funktion, um den Glitzer gleichmäßig zu verteilen.

6 Entnehmen Sie das Eis und genießen Sie es sofort oder stellen Sie es für eine festere Konsistenz nochmals in den Gefrierschrank.

KEKS-MONSTER-EISCREME

2 Port.

1 Tag

Leicht

Zutaten

500 ml Sahne
100 ml Vollmilch
120 g Zucker
2 TL Vanilleextrakt oder
1 Vanilleschote, das
Mark herausgekratzt
Blaue Lebensmittelfarbe
50 g Schokoladenkekse, grob zerbröselt
50 g Oreo-Kekse, grob zerbröselt

Nährwerte p. P.

320 kcal
42 g Kohlenhydrate
16 g Fett
5 g Eiweiß

1 Sahne, Milch und Zucker in einem Topf bei mittlerer Hitze erhitzen, bis der Zucker vollständig aufgelöst ist.

2 Vom Herd nehmen, Vanillemark oder Vanilleextrakt einrühren. Die Mischung abkühlen lassen und nach Belieben mit blauer Lebensmittelfarbe einfärben, bis eine lebhaft blaue Farbe entsteht.

3 Die Mischung in den Ninja Creami Behälter füllen und für mindestens 24 Stunden einfrieren.

4 Den gefrorenen Behälter in die Ninja Creami Eismaschine einsetzen, das Ice-Cream-Programm wählen und den Prozess starten.

5 Kurz vor Abschluss des Programms die zerbröselten Kekse hinzufügen und die Extra-Funktion verwenden, um sie gleichmäßig unter das Eis zu mischen.

REGENBOGEN-EINHORN-EISCREME

2 Port.

1 Tag

Mittel

Zutaten

500 ml Sahne
100 ml Milch
120 g Zucker
1 Vanilleschote (Mark extrahiert)
Pastellfarbene Lebensmittelfarben
40 g Regenbogenstreusel
30 g Mini-Marshmallows

Nährwerte p. P.

290 kcal
35 g Kohlenhydrate
15 g Fett
3 g Eiweiß

1 Erwärmen Sie Sahne, Milch und Zucker in einem mittleren Topf bei mittlerer Hitze. Rühren Sie kontinuierlich, bis der Zucker sich vollständig aufgelöst hat.

2 Entfernen Sie den Topf vom Herd. Schneiden Sie die Vanilleschote der Länge nach auf und kratzen Sie das Mark heraus. Rühren Sie das Vanillemark in die heiße Sahne-Milch-Mischung ein. Lassen Sie die Mischung abkühlen, bevor Sie weitermachen.

3 Verteilen Sie die abgekühlte Vanillebasis gleichmäßig auf mehrere Schüsseln und fügen Sie in jede Schüssel einige Tropfen einer anderen pastellfarbenen Lebensmittelfarbe hinzu. Rühren Sie jede Portion um, bis die Farbe gleichmäßig verteilt ist.

4 Füllen Sie abwechselnd gefärbte Eisbasis, Regenbogenstreusel und Mini-Marshmallows in den Ninja Creami Behälter. Stellen Sie den Behälter für mindestens 24 Stunden in den Gefrierschrank.

5 Setzen Sie den gefrorenen Behälter in Ihre Ninja Creami Eismaschine ein, wählen Sie das Programm für Eiscreme und starten Sie das Gerät.

6 Sobald das Eis fertig verarbeitet ist, servieren Sie es direkt oder bewahren Sie es für eine festere Konsistenz im Gefrierschrank auf.

SCHOKO-ERDNUSSBUTTER-CUP-EISCREME

2 Port. 1 Tag Mittel

Zutaten

500 ml Sahne
150 ml Milch
150 g Zucker
50 g Kakaopulver
100 g Mini-Erdnussbutter-Cups

Nährwerte p. P.

350 kcal
38 g Kohlenhydrate
20 g Fett
8 g Eiweiß

1 Kombinieren Sie Sahne, Milch, Zucker und Kakaopulver in einem Topf. Erhitzen Sie die Mischung bei mittlerer Hitze, bis Zucker und Kakao vollständig aufgelöst sind und die Mischung leicht köchelt.

2 Lassen Sie die Basis abkühlen und füllen Sie sie dann in den Ninja Creami Behälter, den Sie anschließend für mindestens 24 Stunden einfrieren.

3 Setzen Sie den gefrorenen Behälter in die Ninja Creami Eismaschine ein und starten Sie das Eiscreme-Programm.

4 Lassen Sie das Programm vollständig durchlaufen. Fügen Sie dann die Mini-Erdnussbutter-Cups hinzu.

5 Aktivieren Sie das Extra-Programm, um die Erdnussbutter-Cups gleichmäßig in das Eis einzuarbeiten.

6 Nach Abschluss des Extra-Programms ist das Eis bereit zum Servieren.

ERDBEER-BANANEN-SMOOTHIE-EISCREME

2 Port.

1 Tag

Leicht

Zutaten

200 g frische Erdbeeren
2 reife Bananen
150 ml Joghurt oder Milch
2 EL Honig

Nährwerte p. P.

210 kcal
45 g Kohlenhydrate
1 g Fett
4 g Eiweiß

1 Reinigen Sie die Erdbeeren und halbieren Sie sie. Schälen Sie die Bananen und brechen Sie sie in Stücke.

2 Geben Sie Erdbeeren, Bananen, Joghurt (oder Milch) und Honig in einen Mixer und pürieren Sie alles zu einer glatten Masse.

3 Übertragen Sie die Mischung in den Ninja Creami Behälter und frieren Sie diesen mindestens 24 Stunden lang ein.

4 Installieren Sie den gefrorenen Behälter in Ihrer Ninja Creami Eismaschine und wählen Sie die Smoothie-Bowl-Einstellung.

5 Starten Sie das Gerät und lassen Sie es laufen, bis das Eis eine cremige Konsistenz erreicht hat.

Besondere Anlässe

ROSENWASSER-SAFRAN-EISCREME

2 Port.

1 Tag

Mittel

Zutaten

300 ml Vollmilch
100 ml Sahne
60 g Zucker
1 TL Rosenwasser
1 Prise Safranfäden, zuvor zerstoßen
1 Prise Salz

Nährwerte p. P.

230 kcal
26 g Kohlenhydrate
12 g Fett
4 g Eiweiß

1 Geben Sie die zerstoßenen Safranfäden in eine kleine Menge der Vollmilch und lassen Sie diese einige Minuten bei niedriger Hitze ziehen, um die Aromen und Farbe freizusetzen.

2 Entfernen Sie die Milch vom Herd und integrieren Sie Sahne, Zucker, Rosenwasser und Salz. Rühren Sie, bis der Zucker sich komplett aufgelöst hat.

3 Überführen Sie die vollständige Mischung in den Ninja Creami Behälter. Frosten Sie den Behälter im Gefrierschrank für mindestens 24 Stunden.

4 Installieren Sie den gefrorenen Behälter in Ihrer Ninja Creami Eismaschine, wählen Sie das Ice-Cream-Programm und starten Sie den Vorgang.

5 Nach Beendigung des Programms entnehmen Sie das Eis und genießen es direkt oder lagern Sie es weiterhin im Gefrierschrank.

SCHWARZWÄLDER-KIRSCH-EISCREM

2 Port.

1 Tag

Mittel

Zutaten

300 ml Vollmilch
100 ml Sahne
70 g Zucker
2 TL Kakaopulver
100 g entsteinte Kirschen, halbiert
50 g dunkle Schokoladenstückchen
1 Prise Salz

Nährwerte p. P.

280 kcal
36 g Kohlenhydrate
14 g Fett
4 g Eiweiß

1 Vermengen Sie Vollmilch, Sahne, Zucker, Kakaopulver und Salz in einer Rührschüssel, bis sich der Zucker und das Kakaopulver vollständig gelöst haben.

2 Fügen Sie die Kirschen zur Mischung hinzu und rühren Sie vorsichtig um. Gießen Sie die vorbereitete Mischung in den Ninja Creami Behälter.

3 Frosten Sie den Behälter für mindestens 24 Stunden im Gefrierschrank. Platzieren Sie den gefrorenen Behälter in Ihrer Ninja Creami Eismaschine und wählen Sie das Ice-Cream-Programm.

4 Fügen Sie 5 Minuten vor dem Ende des Programms die Schokoladenstückchen hinzu und verwenden Sie die Extra-Funktion, um die Schokolade gleichmäßig im Eis zu verteilen.

5 Entnehmen Sie das fertige Eis und servieren Sie es sofort oder lagern Sie es für eine festere Konsistenz weiter im Gefrierschrank.

CHAMPAGNER-ERDBEER-EISCREME

2 Port.

1 Tag

Mittel

Zutaten

250 ml Champagner
100 ml Sahne
80 g Zucker
150 g frische Erdbeeren, püriert
1 TL Zitronensaft
1 Prise Salz

Nährwerte p. P.

250 kcal
30 g Kohlenhydrate
12 g Fett
3 g Eiweiß

1 Vermischen Sie den Champagner, Sahne, Zucker, Zitronensaft und Salz in einer Schüssel, bis der Zucker aufgelöst ist. Rühren Sie das Erdbeerpüree unter die Champagnermischung.

2 Überführen Sie die Flüssigkeit in den Ninja Creami Behälter. Gefrieren Sie den Behälter mindestens 24 Stunden lang, um sicherzustellen, dass die Mischung vollständig durchgefroren ist.

3 Setzen Sie den gefrorenen Behälter in die Ninja Creami Eismaschine ein und wählen Sie das Ice-Cream-Programm.

4 Nach Beendigung des Programms entnehmen Sie die Eiscreme und genießen diese sofort oder bewahren Sie sie im Gefrierschrank auf.

TRÜFFEL-SCHOKOLADEN-EISCREME

 2 Port.
 1 Tag
Schwer

Zutaten

300 ml Sahne
100 ml Milch
150 g Zartbitterschokolade
2 EL Zucker
50 ml starker Espresso
20 g Trüffelstücke, fein gehackt

Nährwerte p. P.

420 kcal
30 g Kohlenhydrate
28 g Fett
6 g Eiweiß

1 Hacken Sie die Zartbitterschokolade grob und geben Sie sie zusammen mit Sahne, Milch und Zucker in einen Topf.

2 Erhitzen Sie die Zutaten bei niedriger bis mittlerer Hitze, bis die Schokolade vollständig geschmolzen ist und sich eine homogene Mischung bildet.

3 Gießen Sie den Espresso in die Schokoladenmischung und rühren Sie gründlich um.

4 Nehmen Sie die Mischung vom Herd und lassen Sie sie etwas abkühlen, bevor Sie sie weiterverarbeiten.

5 Gießen Sie die abgekühlte Schokoladen-Espressobasis in den Ninja Creami Behälter und frieren Sie diese mindestens 24 Stunden lang ein.

6 Setzen Sie den gefrorenen Behälter in Ihre Ninja Creami Eismaschine ein und wählen Sie das Eiscreme-Programm.

7 Fügen Sie kurz vor Beendigung des Programms die fein gehackten Trüffelstücke hinzu und nutzen Sie die Extra-Funktion, um die Trüffelstücke gleichmäßig zu verteilen.

8 Lassen Sie das Gerät das Programm abschließen, damit sich die Aromen voll entfalten können.

ROSÉ-CHAMPAGNER-SORBET

2 Port.

1 Tag

Leicht

Zutaten

500 ml Rosé-Champagner
100 g Zucker
200 g Himbeeren, frisch oder gefroren
1 EL Zitronensaft

Nährwerte p. P.

180 kcal
22 g Kohlenhydrate
0 g Fett
0 g Eiweiß

1 Vermischen Sie in einem Topf den Rosé-Champagner mit Zucker und erwärmen Sie die Mischung bei niedriger Hitze, bis der Zucker vollständig gelöst ist.

2 Fügen Sie die Himbeeren und den Zitronensaft hinzu und lassen Sie die Mischung für einige Minuten köcheln, bis die Himbeeren weich werden.

3 Pürieren Sie die Mischung, bis sie glatt ist, und passieren Sie sie dann durch ein feinmaschiges Sieb, um die Kerne zu entfernen.

4 Kühlen Sie die Basis ab, bevor Sie sie in den Ninja Creami Behälter füllen und einfrieren.

5 Installieren Sie den gefrorenen Behälter in Ihrer Ninja Creami Eismaschine. Wählen Sie das Sorbet-Programm und starten Sie die Maschine.

6 Genießen Sie das fertige Sorbet sofort für eine optimale Frische oder bewahren Sie es zur späteren Verwendung im Gefrierfach auf.

SAFRAN-PISTAZIEN-EISCREME

2 Port.

1 Tag

Mittel

Zutaten

300 ml Sahne
100 ml Milch
120 g Zucker
1 TL Safranfäden
100 g geröstete Pistazien, grob gehackt

Nährwerte p. P.

300 kcal
20 g Kohlenhydrate
22 g Fett
6 g Eiweiß

1 Vermengen Sie Sahne, Milch und Zucker in einem Topf und erhitzen Sie diese Zutaten, bis der Zucker vollständig aufgelöst ist.

2 Fügen Sie die Safranfäden hinzu und ziehen Sie die Hitze zurück. Lassen Sie die Mischung einige Minuten sanft köcheln, damit der Safran sein Aroma entfalten kann.

3 Nehmen Sie den Topf vom Herd und lassen Sie die Basis abkühlen. Rühren Sie die gehackten Pistazien unter und gießen Sie die Mischung in den Ninja Creami Behälter. Frieren Sie die Masse für mindestens 24 Stunden ein.

4 Setzen Sie den gefrorenen Behälter in die Ninja Creami Eismaschine ein. Wählen Sie das Eiscreme-Programm und starten Sie die Maschine.

5 Lassen Sie das Gerät arbeiten, bis die Eiscreme die gewünschte Konsistenz erreicht hat.

LAVENDEL-HONIG-EISCREME

2 Port.

1 Tag

Mittel

Zutaten

250 ml Sahne
150 ml Milch
2 EL Honig, vorzugsweise lokal
1 TL Lavendelextrakt oder frische Lavendelblüten
1 Prise Salz

Nährwerte p. P.

350 kcal
25 g Kohlenhydrate
25 g Fett
5 g Eiweiß

1 Kombinieren Sie in einem Topf Sahne, Milch und Honig. Erwärmen Sie die Mischung bei niedriger Hitze, bis der Honig sich vollständig aufgelöst hat.

2 Fügen Sie Lavendelextrakt oder frische Lavendelblüten hinzu. Sollten Sie frische Blüten verwenden, lassen Sie diese einige Minuten mitköcheln, um das Aroma zu intensivieren.

3 Entfernen Sie die Mischung vom Herd und sieben Sie die Lavendelblüten heraus, falls verwendet. Lassen Sie die Mischung abkühlen.

4 Sobald die Mischung abgekühlt ist, fügen Sie 1 Prise Salz hinzu und rühren gut um.

5 Füllen Sie die abgekühlte Mischung in den Ninja Creami Behälter und frieren Sie diese für mindestens 24 Stunden ein.

6 Setzen Sie den gefrorenen Behälter in die Ninja Creami Eismaschine ein. Wählen Sie das Eiscreme-Programm und starten Sie die Maschine. Lassen Sie das Programm durchlaufen, bis die Eiscreme die gewünschte Konsistenz erreicht hat.

SCHWARZE VANILLE MIT AKTIVKOHLE

2 Port.

1 Tag

Mittel

Zutaten

250 ml Sahne
250 ml Milch
100 g Zucker
1 TL Vanilleextrakt
2 TL Aktivkohlepulver, lebensmittelecht

Nährwerte p. P.

320 kcal
35 g Kohlenhydrate
18 g Fett
4 g Eiweiß

1 Erwärmen Sie Sahne, Milch und Zucker in einem Topf auf mittlerer Stufe, bis der Zucker vollständig aufgelöst ist.

2 Rühren Sie den Vanilleextrakt und das Aktivkohlepulver unter, bis die Mischung eine gleichmäßig schwarze Farbe annimmt.

3 Nehmen Sie den Topf vom Herd und kühlen Sie die Basis auf Raumtemperatur ab, bevor Sie sie weiterverarbeiten.

4 Überführen Sie die abgekühlte Mischung in den Ninja Creami Behälter und stellen Sie diesen für mindestens 24 Stunden in das Gefrierfach.

5 Platzieren Sie den gefrorenen Behälter in Ihrer Ninja Creami Eismaschine. Wählen Sie das Eiscreme-Programm und starten Sie die Maschine. Lassen Sie das Gerät das Programm vollständig durchlaufen.

6 Genießen Sie dieses einzigartige Eis pur oder als kreativen Abschluss eines eleganten Menüs.

Internationales Eis

LUCUMA-EIS

2 Port.

1 Tag

Mittel

Zutaten

300 ml Sahne
150 ml Vollmilch
100 g Zucker
2 EL Lucuma-Pulver
1 Prise Salz

Nährwerte p. P.

280 kcal
34 g Kohlenhydrate
14 g Fett
4 g Eiweiß

1 Vermischen Sie Sahne, Milch und Zucker in einem Kochtopf und erhitzen Sie diese bei mittlerer Hitze, bis der Zucker sich auflöst.

2 Fügen Sie das Lucuma-Pulver und 1 Prise Salz hinzu und rühren Sie um, bis alles gut vermischt ist.

3 Lassen Sie die Mischung kurz aufkochen und nehmen Sie sie dann vom Herd, um sie abzukühlen.

4 Gießen Sie die abgekühlte Mischung in einen Ninja Creami Behälter und frieren Sie diesen mindestens 24 Stunden lang ein.

5 Setzen Sie den gefrorenen Behälter in Ihre Ninja Creami Eismaschine ein. Wählen Sie das Programm für Eiscreme und starten Sie die Maschine.

6 Lassen Sie das Gerät arbeiten, bis das Eis cremig und homogen ist.

KULFI

4 Port. 1 Tag Mittel

Zutaten

500 ml Vollmilch
200 ml Sahne
100 g Zucker
1 TL gemahlener Kardamom
50 g gemahlene Pistazien
1 TL Rosenwasser
1 Prise Safran

Nährwerte p. P.

300 kcal
28 g Kohlenhydrate
18 g Fett
8 g Eiweiß

1 Kochen Sie Milch und Sahne in einem großen Topf bei mittlerer Hitze. Reduzieren Sie die Flüssigkeit auf etwa die Hälfte, um eine dickflüssige Konsistenz zu erreichen, was etwa 20 Minuten dauern kann.

2 Zucker, Kardamom und Safran hinzufügen und gut umrühren, bis der Zucker vollständig aufgelöst ist.

3 Vom Herd nehmen und Rosenwasser einrühren. Lassen Sie die Mischung vollständig abkühlen. Rühren Sie die gemahlenen Pistazien unter die abgekühlte Mischung.

4 Füllen Sie die Mischung in den Ninja Creami Behälter und stellen Sie ihn in das Gefrierfach, um ihn vollständig einfrieren zu lassen, idealerweise über Nacht.

5 Installieren Sie den gefrorenen Behälter in der Ninja Creami Eismaschine. Wählen Sie das Eiscreme-Programm und starten Sie die Maschine. Lassen Sie die Maschine arbeiten, bis das Kulfi schön cremig ist.

MARAS-EIS

 4 Port.  1 Tag Mittel

Zutaten

500 ml Vollmilch
200 ml Schlagsahne
150 g Zucker
1 TL gemahlene Salep-Wurzel (für die authentische Textur)
1 TL Rosenwasser

Nährwerte p. P.

270 kcal
33 g Kohlenhydrate
15 g Fett
5 g Eiweiß

1 Erhitzen Sie Milch und Sahne in einem mittelgroßen Topf über niedriger Hitze.

2 Sobald die Mischung warm ist, streuen Sie Zucker und gemahlene Salep-Wurzel ein und rühren kontinuierlich, bis sich alles aufgelöst hat und die Mischung leicht dickflüssig wird.

3 Integrieren Sie das Rosenwasser und nehmen Sie den Topf vom Herd, um die Mischung abkühlen zu lassen.

4 Überführen Sie die vollständig abgekühlte Basis in einen Ninja Creami Behälter.

5 Stellen Sie den Behälter in Ihr Gefrierfach und lassen Sie die Mischung mindestens 24 Stunden gefrieren.

6 Setzen Sie den gefrorenen Behälter in Ihre Ninja Creami Eismaschine ein.

7 Wählen Sie das Programm für Eiscreme und starten Sie den Prozess. Ihr Ninja Creami wird das Eis in eine glatte, cremige Konsistenz verwandeln.

MOCHI-EIS

4 Port.

1 Tag

Schwer

Zutaten

2 TL Grüntee-Pulver (Matcha)
400 ml Milch
100 ml Sahne
100 g Mochiko (süßes Reismehl)
150 ml Wasser
75 g Zucker
Maisstärke zum Bestäuben
Rote Bohnenpaste (optional)

Nährwerte p. P.

220 kcal
40 g Kohlenhydrate
5 g Fett
3 g Eiweiß

1 Kombinieren Sie Grüntee-Pulver, Milch und Sahne in einem Topf und erhitzen Sie die Mischung, bis sie warm ist, jedoch nicht kocht. Zucker hinzufügen und unter ständigem Rühren auflösen lassen. Die Mischung vom Herd nehmen und abkühlen lassen. Füllen Sie die abgekühlte Mischung in einen Ninja Creami Behälter und frieren Sie sie für etwa 24 Stunden ein.

2 Für die Mochi-Hülle Wasser, Zucker und Mochiko in einer mikrowellengeeigneten Schüssel verrühren. In der Mikrowelle erhitzen, bis die Masse dick und klebrig wird. Lassen Sie die Mochi-Masse etwas abkühlen, bestäuben Sie dann Ihre Arbeitsfläche und Ihre Hände mit Maisstärke. Rollen Sie die Mochi flach aus und schneiden Sie Kreise aus, die groß genug sind, um Ihre Eiscreme-Portionen zu umhüllen.

3 Setzen Sie den gefrorenen Grüntee-Eisblock in Ihre Ninja Creami Eismaschine ein und wählen Sie das Programm für Eiscreme. Fügen Sie nach dem ersten Durchlauf, während der Extra-Phase, die rote Bohnenpaste hinzu und lassen Sie die Maschine die Zutaten einarbeiten.

4 Nehmen Sie das cremige Eis aus der Maschine und platzieren Sie jeweils eine Portion in der Mitte eines Mochi-Kreises. Wickeln Sie die Mochi um das Eis, sodass es vollständig umhüllt ist, und versiegeln Sie die Ränder sorgfältig. Bewahren Sie das Mochi-Eis im Gefrierfach auf, bis es servierfertig ist.

FROZEN JOGHURT

4 Port. 1 Tag. Leicht

Zutaten

500 ml Naturjoghurt
100 g Zucker oder Honig
1 TL Vanilleextrakt
Früchte nach Wahl zum Garnieren, optional

Nährwerte p. P.

150 kcal
18 g Kohlenhydrate
3 g Fett
10 g Eiweiß

1 Mischen Sie den Joghurt mit Zucker und Vanilleextrakt in einer Schüssel, bis der Zucker sich vollständig auflöst.

2 Gießen Sie die Mischung in einen Ninja Creami Behälter und stellen Sie diesen ins Gefrierfach, um ihn mindestens 24 Stunden zu gefrieren.

3 Setzen Sie den gefrorenen Joghurtblock in die Ninja Creami Eismaschine ein.

4 Wählen Sie das Frozen-Joghurt-Programm und starten Sie das Gerät.

5 Nachdem das Programm beendet ist, überprüfen Sie die Konsistenz des Frozen Joghurts. Sollte die Mischung zu fest sein, nutzen Sie die Re-Spin-Funktion, um eine cremigere Textur zu erreichen.

6 Servieren Sie den Frozen Joghurt sofort und garnieren Sie ihn, falls gewünscht, mit frischen Früchten Ihrer Wahl.

SCHWARZE-SESAM-EIS

4 Port.

1 Tag

Mittel

Zutaten

500 ml Vollmilch
250 ml Schlagsahne
100 g Zucker
50 g schwarze Sesampaste
1 TL Vanilleextrakt
1 Prise Salz

Nährwerte p. P.

220 kcal
20 g Kohlenhydrate
14 g Fett
5 g Eiweiß

1 Vermengen Sie in einem Topf die Vollmilch, Schlagsahne und Zucker und erwärmen Sie diese Zutaten bei mittlerer Hitze, bis der Zucker aufgelöst ist.

2 Rühren Sie die schwarze Sesampaste, Vanilleextrakt und 1 Prise Salz ein, bis eine homogene Masse entsteht.

3 Lassen Sie die Mischung etwas abkühlen, dann geben Sie sie in einen Ninja Creami Behälter und stellen diesen für mindestens 24 Stunden ins Gefrierfach.

4 Platzieren Sie den gefrorenen Sesam-Eisblock in Ihrer Ninja Creami Eismaschine. Wählen Sie das Programm für Eiscreme und starten Sie den Vorgang.

5 Nach Beendigung des Programms überprüfen Sie die Konsistenz. Ist das Eis nicht cremig genug, nutzen Sie die Re-Spin-Funktion.

6 Servieren Sie das Schwarze-Sesam-Eis sofort oder bewahren Sie es in einem luftdichten Behälter im Gefrierfach auf.

ROOIBOS-TEE-EIS

 4 Port.

 1 Tag

Mittel

Zutaten

500 ml Vollmilch
200 ml Schlagsahne
120 g Zucker
2 EL Rooibos-Teeblätter
1 TL Vanilleextrakt
1 Prise Salz

Nährwerte p. P.

180 kcal
28 g Kohlenhydrate
6 g Fett
4 g Eiweiß

1 Kochen Sie die Vollmilch zusammen mit den Rooibos-Teeblättern auf und lassen Sie diese bei niedriger Hitze etwa 10 Minuten ziehen, um den Tee vollständig zu extrahieren.

2 Seihen Sie die Milch durch ein feines Sieb, um die Teeblätter zu entfernen, und geben Sie die Milch zurück in den Topf.

3 Fügen Sie Zucker, Vanilleextrakt und Salz hinzu und erhitzen Sie die Mischung, bis der Zucker sich vollständig aufgelöst hat.

4 Nehmen Sie den Topf vom Herd und rühren Sie die Schlagsahne ein. Lassen Sie die Mischung auf Raumtemperatur abkühlen.

5 Füllen Sie die abgekühlte Mischung in einen Ninja Creami Behälter und frieren Sie sie für mindestens 24 Stunden ein.

6 Setzen Sie den gefrorenen Tee-Eisblock in die Ninja Creami Eismaschine ein. Wählen Sie das Eiscreme-Programm und starten Sie die Maschine.

7 Lassen Sie das Gerät das Eis verarbeiten, bis es eine geschmeidige Konsistenz erreicht.

8 Genießen Sie das Rooibos-Tee-Eis sofort oder lagern Sie es für eine festere Konsistenz noch einige Stunden im Gefrierschrank.

Smoothie-Bowls & Milchshakes

ACAI-BEEREN-SMOOTHIE-BOWL

 2 Port.  10 Min.  Leicht

Zutaten

200 g Acai-Püree
1 Banane
120 ml Mandelmilch oder eine andere Pflanzenmilch
1 EL Honig oder ein anderes Süßungsmittel

Optional:
frische Beeren, Kokosflocken, Chiasamen zum Garnieren

Nährwerte p. P.

245 kcal
37 g Kohlenhydrate
7 g Fett
3 g Eiweiß

1 Schneiden Sie die Banane in Stücke und geben Sie diese zusammen mit dem Acai-Püree in den Ninja Creami Behälter.

2 Fügen Sie die Mandelmilch und den Honig hinzu und rühren Sie alles gut durch.

3 Lassen Sie die Mischung im Gefrierschrank vollständig durchfrieren.

4 Setzen Sie die gefrorene Masse in den Ninja Creami ein und wählen Sie das Programm für Smoothie-Bowls.

5 Servieren Sie die fertige Smoothie-Bowl in Schüsseln und garnieren Sie diese nach Belieben mit Beeren, Kokosflocken und/oder Chiasamen.

GRÜNE-DETOX-SMOOTHIE-BOWL

2 Port.

1 Tag

Leicht

Zutaten

1 Handvoll frischer Spinat
1 reife Banane, in Scheiben
½ Avocado, entkernt und ausgehöhlt
150 ml Mandelmilch
1 TL Chiasamen
Ein paar Blätter frische Minze
1 TL Spirulina-Pulver

Nährwerte p. P.

245 kcal
27 g Kohlenhydrate
12 g Fett
6 g Eiweiß

1 Spinat, Bananenscheiben, Avocado, Mandelmilch, Chiasamen, Minzblätter und Spirulina-Pulver in einen Mixer geben und zu einer homogenen Masse pürieren.

2 Übertragen Sie die Mischung in einen Ninja Creami Behälter und stellen Sie diesen für mindestens 24 Stunden in den Gefrierschrank.

3 Setzen Sie den gefrorenen Behälter in Ihre Ninja Creami Maschine ein und wählen Sie das Smoothie-Bowl-Programm aus.

4 Servieren Sie die fertige Smoothie-Bowl in Schalen und garnieren Sie nach Belieben mit zusätzlichen Chiasamen oder frischen Früchten.

DRACHENFRUCHT-PARADIES-BOWL

2 Port.

1 Tag

Leicht

Zutaten

1 große Drachenfrucht, gewürfelt
2 Kiwis, geschält und gewürfelt
200 ml Kokoswasser
2 EL Agavendicksaft

Optional:
gehackte Nüsse, Kokosraspeln und frische Beeren zum Garnieren

Nährwerte p. P.

210 kcal
50 g Kohlenhydrate
1 g Fett
3 g Eiweiß

1 Kombinieren Sie die gewürfelte Drachenfrucht, Kiwistücke, Kokoswasser und Agavendicksaft in einem Mixer, bis die Masse glatt ist.

2 Füllen Sie die Mischung in einen Ninja Creami Behälter und stellen Sie diesen für mindestens 24 Stunden in den Gefrierschrank, bis die Masse durchgehend fest ist.

3 Verwenden Sie das Smoothie-Bowl-Programm des Ninja Creami, um die gefrorene Masse zu verarbeiten.

4 Teilen Sie das fertige Sorbet in Schüsseln und garnieren Sie es nach Wunsch mit Nüssen, Kokosraspeln und frischen Beeren.

GOLDEN-TURMERIC-SMOOTHIE-BOWL

2 Port.

1 Tag

Leicht

Zutaten

1 Banane
½ Mango
200 ml Mandelmilh
1 EL Honig
½ TL Kurkuma

Optional:
Chiasamen, Kokosflocken, frisches Obst zum Garnieren

Nährwerte p. P.

150 kcal
27 g Kohlenhydrate
3 g Fett
4 g Eiweiß

1 Schneiden Sie die Banane und die Mango in gleichmäßige Stücke.

2 Kombinieren Sie die geschnittenen Früchte, Mandelmilch, Honig und Kurkuma im Behälter Ihres Ninja Creami. Achten Sie darauf, dass alle Zutaten gut verteilt sind, damit sich die Gewürze gleichmäßig mischen.

3 Nachdem Sie alles gut vermischt haben, stellen Sie sicher, dass der Behälter fest verschlossen ist, und platzieren Sie ihn in Ihrem Gefrierschrank. Lassen Sie die Mischung für mindestens 24 Stunden gefrieren, um sicherzustellen, dass sie vollständig durchgefroren ist.

4 Nach der Gefrierzeit setzen Sie den gefrorenen Inhalt in den Ninja Creami ein und wählen das Smoothie-Bowl-Programm. Der Creami wird nun die gefrorene Mischung zu einer glatten und cremigen Konsistenz verarbeiten.

5 Servieren Sie die Smoothie-Bowl in Schüsseln und garnieren Sie sie nach Wunsch mit Beeren, Chiasamen und Kokosflocken.

HIMBEER-CHIA-SMOOTHIE-BOWL

2 Port.

1 Tag

Leicht

Zutaten

200 g Himbeeren
1 reife Banane
150 ml Mandelmilch
2 EL Chiasamen
1 EL Agavendicksaft oder ein anderes Süßungsmittel

Optional:
frische Himbeeren, Kokosraspeln zum Garnieren

Nährwerte p. P.

220 kcal
35 g Kohlenhydrate
5 g Fett
6 g Eiweiß

1 Zerlegen Sie die Banane in mundgerechte Stücke und geben Sie diese zusammen mit den Himbeeren in den Behälter des Ninja Creami.

2 Gießen Sie die Mandelmilch dazu und süßen Sie die Mischung mit Agavendicksaft. Streuen Sie die Chiasamen ein und rühren Sie alles gut um, damit sich die Zutaten gleichmäßig verteilen.

3 Verschließen Sie den Behälter fest und stellen Sie ihn in Ihren Gefrierschrank. Die Masse sollte mindestens 24 Stunden lang durchfrieren, um optimale Ergebnisse zu erzielen.

4 Platzieren Sie nach der Gefrierzeit den festen Inhalt im Ninja Creami und wählen Sie das Smoothie-Bowl-Programm aus. Der Creami wird die Zutaten zu einer feinen, cremigen Konsistenz verarbeiten.

5 Verteilen Sie die fertige Smoothie-Bowl auf zwei Schüsseln und garnieren Sie sie nach Wunsch mit frischen Himbeeren und Kokosraspeln.

MANGO-KOKOS-SMOOTHIE-BOWL

2 Port.

1 Tag

Leicht

Zutaten

200 g Mango, in Stücke geschnitten
150 ml Kokosmilch
1 EL Honig oder ein alternatives Süßungsmittel
2 EL Kokosraspeln

Optional:
frische Mangostücke, zusätzliche Kokosraspeln zur Dekoration

Nährwerte p. P.

310 kcal
45 g Kohlenhydrate
12 g Fett
3 g Eiweiß

1 Pürieren Sie die Mangostücke in einem Mixer oder mit einem Pürierstab zu einer glatten Masse.

2 Geben Sie das Mangopüree zusammen mit der Kokosmilch und dem Honig in eine große Schüssel und verrühren Sie alles gründlich. Passen Sie die Konsistenz bei Bedarf mit etwas mehr Kokosmilch an.

3 Füllen Sie die Mischung in den Ninja Creami Behälter. Achten Sie darauf, dass der Behälter nicht zu voll ist, um Platz für das Expansionsvolumen während des Gefrierens zu lassen.

4 Stellen Sie den Behälter für mindestens 24 Stunden in den Gefrierschrank, bis die Masse komplett durchgefroren ist.

5 Setzen Sie den gefrorenen Behälter in die Ninja Creami Maschine ein und wählen Sie das Smoothie-Bowl-Programm, um die gefrorene Mischung in eine cremige Smoothie-Bowl zu verwandeln.

6 Servieren Sie die Smoothie-Bowl in Schüsseln und garnieren Sie diese nach Belieben mit frischen Mangostücken und zusätzlichen Kokosraspeln.

SALTED-CARAMEL-MILCHSHAKE

 2 Port.  1 Tag  Leicht

Zutaten

200 ml Vollmilch
100 ml Schlagsahne
60 g Karamellsoße
1 TL Vanilleextrakt
¼ TL Meersalz

Optional:
Schlagsahne und zusätzliche Karamellsoße zum Garnieren

Nährwerte p. P.

420 kcal
52 g Kohlenhydrate
20 g Fett
6 g Eiweiß

1 Vermischen Sie die Vollmilch, Schlagsahne, Karamellsoße, Vanilleextrakt und Meersalz in einer großen Schüssel, bis alles gut miteinander verbunden ist.

2 Gießen Sie die Mischung in den Ninja Creami Behälter. Achten Sie darauf, den Behälter nicht zu voll zu füllen, da die Mischung beim Gefrieren etwas expandieren kann.

3 Stellen Sie den Behälter für mindestens 24 Stunden in den Gefrierschrank, bis die Masse vollständig gefroren ist.

4 Entnehmen Sie den gefrorenen Behälter aus dem Gefrierschrank und setzen Sie ihn in die Ninja Creami Maschine ein. Wählen Sie das Milchshake-Programm, um die gefrorene Mischung in einen cremigen Milchshake zu verwandeln.

5 Füllen Sie den fertigen Milchshake in Gläser. Garnieren Sie nach Belieben mit Schlagsahne und zusätzlicher Karamellsoße.

MATCHA-GRÜNTEE-MILCHSHAKE

2 Port.

1 Tag

Leicht

Zutaten

200 ml Vollmilch
100 ml Schlagsahne
2 TL Matcha-Pulver
50 g Zucker
1 TL Vanilleextrakt

Optional:
Schlagsahne und Matcha-Pulver zum Garnieren

Nährwerte p. P.

300 kcal
40 g Kohlenhydrate
12 g Fett
5 g Eiweiß

1 Verrühren Sie das Matcha-Pulver mit einer kleinen Menge heißem Wasser, bis es sich vollständig aufgelöst hat und keine Klumpen mehr vorhanden sind.

2 Vermengen Sie in einer großen Schüssel Vollmilch, Schlagsahne, das aufgelöste Matcha-Pulver, Zucker und Vanilleextrakt, bis alles gut kombiniert ist.

3 Gießen Sie die Mischung in den Ninja Creami Behälter, achten Sie darauf, den Behälter nicht zu überfüllen, da die Masse beim Gefrieren expandiert.

4 Stellen Sie den Behälter für mindestens 24 Stunden in den Gefrierschrank, bis die Mischung komplett durchgefroren ist.

5 Setzen Sie den gefrorenen Behälter in die Ninja Creami Maschine ein und wählen Sie das Milkshake-Programm, um die gefrorene Masse in einen cremigen Milchshake zu verarbeiten.

6 Füllen Sie den fertigen Milchshake in Gläser und garnieren Sie ihn mit Schlagsahne und einer Prise Matcha-Pulver.

BANANA-COFFEE-MILCHSHAKE

 2 Port.
 1 Tag
 Leicht

Zutaten

2 reife Bananen, gefroren und in Stücke geschnitten
200 ml starker, kalter Kaffee
100 ml Milch oder eine vegane Alternative
2 EL Ahornsirup

Optional:
Schlagsahne und Schokoladenraspel zum Garnieren

Nährwerte p. P.

280 kcal
45 g Kohlenhydrate
8 g Fett
6 g Eiweiß

1 Vermischen Sie die Bananenstücke, den kalten Kaffee, die Milch und den Ahornsirup in einer großen Schüssel bis zur gewünschten Konsistenz.

2 Übertragen Sie die Flüssigkeit in den Ninja Creami Behälter, dabei nicht überfüllen, da die Mischung beim Gefrieren expandiert.

3 Platzieren Sie den Behälter für mindestens 24 Stunden im Gefrierschrank, um sicherzustellen, dass die Mischung durchgehend gefriert.

4 Installieren Sie den gefrorenen Behälter in Ihrer Ninja Creami Maschine und wählen Sie das Milchshake-Programm, um die Mischung zu einem glatten Milchshake zu verarbeiten.

5 Servieren Sie den Milchshake in hohen Gläsern und garnieren Sie nach Wunsch mit Schlagsahne und Schokoladenraspeln.

BLAUBEER-CHEESECAKE-MILCHSHAKE

2 Port.

1 Tag

Leicht

Zutaten

150 g Blaubeeren, frisch oder gefroren
200 g Frischkäse, gekühlt
150 ml Milch oder eine pflanzliche Alternative
2 EL Zucker oder ein alternatives Süßungsmittel

Optional:
zerbröselte Butterkekse und zusätzliche Blaubeeren zur Dekoration

Nährwerte p. P.

320 kcal
40 g Kohlenhydrate
15 g Fett
7 g Eiweiß

1 Kombinieren Sie Blaubeeren, Frischkäse, Milch und Zucker in einer Rührschüssel und vermischen Sie diese Zutaten gründlich, bis eine einheitliche Masse entsteht.

2 Gießen Sie die Mischung in den Ninja Creami Behälter, achten Sie darauf, dass genug Raum für das Volumenwachstum während des Gefriervorgangs bleibt.

3 Lagern Sie den Behälter für mindestens 24 Stunden im Gefrierfach, um sicherzustellen, dass die Masse vollständig durchfriert.

4 Setzen Sie den Behälter in Ihre Ninja Creami Maschine ein und aktivieren Sie das Milchshake-Programm, um den Milchshake cremig zu rühren.

5 Gießen Sie den fertigen Milchshake in Gläser und garnieren Sie diese mit zerbröselten Butterkeksen und frischen Blaubeeren für ein ansprechendes Finish.

ERDNUSSBUTTER-SCHOKOLADEN-MILCHSHAKE

2 Port.

1 Tag

Leicht

Zutaten

2 frische Bananen
3 EL Erdnussbutter, cremig oder crunchy, je nach Vorliebe
2 EL Kakaopulver, ungesüßt
250 ml Milch oder eine vegane Alternative wie Mandelmilch

Nährwerte p. P.

400 kcal
50 g Kohlenhydrate
16 g Fett
12 g Eiweiß

1 Pürieren Sie die Bananen zusammen mit der Erdnussbutter, dem Kakaopulver und der Milch in einem Mixer, bis eine gleichmäßig glatte Mischung entsteht.

2 Überführen Sie die flüssige Mischung in den Ninja Creami Behälter und stellen Sie diesen für mindestens 24 Stunden in den Gefrierschrank.

3 Nach der Gefrierzeit platzieren Sie den Behälter in der Ninja Creami Maschine und wählen das Milchshake-Programm, um den Shake cremig zu verarbeiten.

4 Servieren Sie den Milchshake frisch zubereitet, eventuell garniert mit einem Klecks Erdnussbutter oder einigen Schokoladenstücken als Dekoration.

KOKOS-VANILLE-MILCHSHAKE

2 Port.

1 Std.

Leicht

Zutaten

400 ml Kokosmilch
1 TL Vanilleextrakt
2 Bananen
2 EL Honig oder Agavendicksaft

Nährwerte p. P.

310 kcal
40 g Kohlenhydrate
20 g Fett
3 g Eiweiß

1 Pürieren Sie die Bananen zu einer glatten Masse.

2 Vermengen Sie die pürierten Bananen in einer Schüssel mit Kokosmilch, Vanilleextrakt und Honig.

3 Übertragen Sie die Mischung in den Ninja Creami Behälter, achten Sie darauf, dass er nicht zu voll ist. Decken Sie den Behälter ab und platzieren Sie ihn für mindestens 24 Stunden im Gefrierschrank.

4 Installieren Sie den gefrorenen Behälter in Ihrem Ninja Creami und wählen Sie das Milchshake-Programm, um den Shake cremig zu verarbeiten.

5 Servieren Sie den Milchshake frisch, garniert mit einem Spritzer Honig oder frischen Bananenscheiben für zusätzliche Süße und Dekoration.

Kalte Suppen / Gazpacho

KALTE GURKEN-DILL-SUPPE

2 Port.

1 Tag

Leicht

Zutaten

2 große Gurken, geschält und grob gehackt
250 ml Joghurt oder eine vegane Joghurtalternative
60 ml Olivenöl
2 EL frischer Dill, gehackt
Saft einer halben Zitrone
1 kleine Knoblauchzehe, fein gehackt
Salz und Pfeffer nach Geschmack

Optional:
extra Dill und Zitronensaft

Nährwerte p. P.

200 kcal
15 g Kohlenhydrate
14 g Fett
5 g Eiweiß

1 Pürieren Sie Gurken, Joghurt, Olivenöl, Dill, Zitronensaft und Knoblauch in einem Mixer bis zur gewünschten Konsistenz. Schmecken Sie mit Salz und Pfeffer ab.

2 Füllen Sie die Mischung in den Ninja Creami Behälter, achten Sie dabei auf genügend Freiraum für die Ausdehnung beim Gefrieren.

3 Lagern Sie den Behälter mindestens 24 Stunden im Gefrierschrank, um die Masse durchzufrieren.

4 Setzen Sie den gefrorenen Behälter in Ihre Ninja Creami Maschine ein und wählen Sie das Programm für Smoothie-Bowls, um eine gleichmäßig cremige Textur zu erreichen.

5 Servieren Sie die Suppe kalt, garniert mit etwas frischem Dill oder einem zusätzlichen Spritzer Zitronensaft, um die Frische zu betonen.

AVOCADO-LIMETTEN-SUPPE

2 Port.

1 Tag

Leicht

Zutaten

2 reife Avocados
Saft von 2 Limetten
1 kleine Zwiebel, gehackt
1 Knoblauchzehe, fein gehackt
250 ml Gemüsebrühe
Salz und Pfeffer nach Geschmack
Einige Blätter frischer Koriander zum Garnieren

Nährwerte p. P.

220 kcal
20 g Kohlenhydrate
15 g Fett
3 g Eiweiß

1 Halbieren Sie die Avocados und entfernen Sie die Kerne. Löffeln Sie das Fruchtfleisch heraus und geben Sie es zusammen mit dem Limettensaft in eine große Schüssel.

2 Fügen Sie die gehackte Zwiebel und den Knoblauch hinzu. Mixen Sie alles gründlich mit einem Stabmixer oder in einem Küchenmixer, bis eine gleichmäßig glatte Masse entsteht.

3 Rühren Sie die Gemüsebrühe ein und schmecken Sie die Suppe mit Salz und Pfeffer ab.

4 Überführen Sie die Suppenmischung in den Ninja Creami Behälter und frieren Sie sie für mindestens 24 Stunden ein.

5 Nach dem Gefrieren platzieren Sie den Behälter in der Ninja Creami Maschine und verwenden das Programm für Smoothie-Bowls, um die Suppe cremig zu rühren.

6 Servieren Sie die Suppe gekühlt, garniert mit frischem Koriander.

KALTE ROTE-BETE-SUPPE MIT DILL

2 Port.

1 Tag

Leicht

Zutaten

400 g Rote Bete, gekocht und gewürfelt
1 kleiner Bund Dill, frisch
200 ml Gemüsebrühe
2 EL Apfelessig
Salz und Pfeffer zum Abschmecken

Optional:
Joghurt oder vegane Sahne zum Garnieren

Nährwerte p. P.

180 kcal
32 g Kohlenhydrate
3 g Fett
6 g Eiweiß

1 Geben Sie die gewürfelte Rote Bete zusammen mit dem frischen Dill in eine große Schüssel.

2 Mixen Sie die Rote Bete und den Dill mit einem Pürierstab oder in einem leistungsstarken Mixer, bis Sie eine glatte Masse erhalten.

3 Gießen Sie die Gemüsebrühe und den Apfelessig dazu und vermischen Sie alles gründlich. Passen Sie die Konsistenz bei Bedarf mit etwas mehr Brühe an. Würzen Sie die Suppenbasis mit Salz und Pfeffer nach Ihrem Geschmack.

4 Füllen Sie die fertige Suppenmischung in den Ninja Creami Behälter. Achten Sie darauf, dass er nicht zu voll ist. Decken Sie den Behälter ab und stellen Sie ihn für mindestens 24 Stunden in den Gefrierschrank.

5 Setzen Sie den gefrorenen Behälter in Ihre Ninja Creami Maschine ein und verwenden Sie das Programm für Smoothie-Bowls, um eine samtige Konsistenz zu erreichen.

6 Servieren Sie die gekühlte Suppe, optional verfeinert mit einem Klecks Joghurt oder veganer Sahne und frischem Dill.

KALTE MELONEN-MINZ-SUPPE

2 Port. 1 Tag Leicht

Zutaten

500 g Honigmelone, in Würfel geschnitten
Saft von 1 Limette
Einige Minzblätter
100 ml Wasser

Optional:
1 Spritzer Honig oder Agavensirup für zusätzliche Süße

Nährwerte p. P.

120 kcal
28 g Kohlenhydrate
1 g Fett
2 g Eiweiß

1 Kombinieren Sie die Melonenwürfel, Limettensaft und Minzblätter in einem leistungsstarken Mixer.

2 Fügen Sie Wasser und nach Belieben Honig oder Agavensirup hinzu, um die gewünschte Süße zu erreichen.

3 Mixen Sie alles, bis eine homogene Flüssigkeit entsteht.

4 Gießen Sie die Suppe in den Ninja Creami Behälter. Verschließen Sie den Behälter sorgfältig und platzieren Sie ihn im Gefrierschrank, um die Masse vollständig durchfrieren zu lassen, idealerweise über Nacht.

5 Nach der Gefrierzeit den festen Inhalt in die Ninja Creami Maschine geben und das Programm für Smoothie-Bowls einstellen, um eine glatte, kalte Suppe zu erhalten.

6 Richten Sie die fertige kalte Suppe in Schalen an und garnieren Sie diese mit frischen Minzblättern und eventuell einigen dünnen Melonenschnitzen.

TOMATEN-GAZPACHO

2 Port. 1 Tag Leicht

Zutaten

400 g reife Tomaten, grob gehackt
1 kleine rote Paprika, entkernt und grob gehackt
1 kleine Gurke, geschält und grob gehackt
1 kleine rote Zwiebel, grob gehackt
1 Knoblauchzehe, grob gehackt
2 EL Olivenöl
1 EL Rotweinessig
Salz und Pfeffer nach Geschmack
250 ml kaltes Wasser

Optional:
Kräuter zum Garnieren

Nährwerte p. P.

85 kcal
18 g Kohlenhydrate
1 g Fett
2 g Eiweiß

1 Alle festen Zutaten (Tomaten, Paprika, Gurke, Zwiebel, Knoblauch) zusammen mit Olivenöl, Rotweinessig, Salz und Pfeffer in einen Mixer geben und zu einer gleichmäßigen Masse pürieren.

2 Das kalte Wasser dazugeben und erneut pürieren, bis die Mischung glatt und flüssig ist.

3 Die flüssige Gazpacho in den Ninja Creami Behälter umfüllen, dabei auf genügend Freiraum achten, da die Masse beim Gefrieren expandieren kann.

4 Den Behälter verschließen und für mindestens 24 Stunden in den Gefrierschrank stellen.

5 Den gefrorenen Behälter in die Ninja Creami Maschine einsetzen und das Smoothie-Bowl-Programm starten, um das Gazpacho cremig zu rühren.

6 Das fertige Gazpacho in Schüsseln anrichten und nach Belieben mit frischen Kräutern wie Dill, Basilikum oder Koriander garnieren.

GRÜNES GAZPACHO MIT GURKE UND GRÜNER PAPRIKA

2 Port.

1 Tag

Leicht

Zutaten

2 große grüne Paprika, grob geschnitten
1 große Salatgurke, geschält und grob geschnitten
1 kleine grüne Chili, entkernt
2 Frühlingszwiebeln, grob geschnitten
1 Knoblauchzehe
2 EL Olivenöl
2 EL Weißweinessig
500 ml kaltes Wasser
Salz und frisch gemahlener schwarzer Pfeffer

Optional:
Dill oder Minze zum Garnieren

Nährwerte p. P.

120 kcal
20 g Kohlenhydrate
3 g Fett
4 g Eiweiß

1 Paprika, Gurke, Chili, Frühlingszwiebeln und Knoblauch in einen Mixer geben.

2 Olivenöl, Weißweinessig, Salz und Pfeffer hinzufügen und alles zu einer glatten Mischung pürieren.

3 Kaltes Wasser einrühren, um die gewünschte Konsistenz zu erreichen.

4 Die Suppenmischung in den Ninja Creami Behälter füllen, dabei auf genügend Platz achten, da sich die Masse beim Gefrieren ausdehnt.

5 Den Behälter verschließen und für 24 Stunden einfrieren.

6 Den gefrorenen Behälter in die Ninja Creami Maschine einsetzen und das Smoothie-Bowl-Programm auswählen, um die Suppe zu einer glatten Konsistenz zu verarbeiten.

7 Das fertige Gazpacho in Schüsseln füllen und nach Belieben mit frischem Dill oder Minze garnieren.

WASSERMELONEN-GAZPACHO

2 Port.

1 Tag

Leicht

Zutaten

500 g Wassermelone, entkernt und in Würfel geschnitten
½ Gurke, geschält und grob geschnitten
1 kleine grüne Chili, entkernt
1 Frühlingszwiebel, grob geschnitten
1 Knoblauchzehe
2 EL frischer Limettensaft
1 EL Olivenöl
1 Prise Salz
Frisch gemahlener schwarzer Pfeffer

Optional:
kaltes Wasser für die Konsistenz
frische Minzblätter, zusätzlicher Limettensaft (zum Garnieren)

Nährwerte p. P.

100 kcal
25 g Kohlenhydrate
0 g Fett
2 g Eiweiß

1 Geben Sie die Wassermelonenstücke, Gurkenwürfel, grüne Chili, Frühlingszwiebel und Knoblauch in einen Mixer.

2 Fügen Sie Limettensaft, Olivenöl, Salz und Pfeffer hinzu. Pürieren Sie alle Zutaten zu einer homogenen Masse. Falls die Masse zu dick erscheint, können Sie etwas Wasser oder zusätzlichen Limettensaft hinzufügen, um die gewünschte Konsistenz zu erreichen. Dies ist besonders ratsam, wenn die verwendete Wassermelone nicht besonders saftig ist.

3 Füllen Sie die Suppe in den Ninja Creami Behälter, achten Sie darauf, dass genug Platz für die Expansion beim Gefrieren bleibt.

4 Decken Sie den Behälter ab und frieren Sie ihn für mindestens 24 Stunden.

5 Setzen Sie den gefrorenen Behälter in Ihre Ninja Creami Maschine ein und wählen Sie das Smoothie-Bowl-Programm, um das Gazpacho cremig zu verarbeiten.

6 Servieren Sie die Suppe in Schalen und garnieren Sie nach Wunsch mit frischen Minzblättern oder einem Spritzer Limettensaft für zusätzliche Frische.

GELBES PAPRIKA-GAZPACHO

2 Port.

1 Tag

Leicht

Zutaten

3 gelbe Paprika, entkernt und grob gehackt
1 kleine Gurke, geschält und gehackt
1 kleine Zwiebel, gehackt
1 Knoblauchzehe, gehackt
250 ml leichte Gemüsebrühe
2 EL Weißwein (optional, für zusätzliche Tiefe und Säure)
Salz und Pfeffer nach Geschmack

Optional:
frische Kräuter (Dill, Petersilie) zum Garnieren

Nährwerte p. P.

120 kcal
18 g Kohlenhydrate
4 g Fett
2 g Eiweiß

1 Kombinieren Sie die gehackten Paprika, Gurke, Zwiebel und Knoblauch in einer großen Schüssel.

2 Fügen Sie die leichte Gemüsebrühe hinzu. Bei Verwendung fügen Sie den Weißwein hinzu. Vermengen Sie alles gründlich, bis eine gleichmäßige Flüssigkeit entsteht.

3 Pürieren Sie die Mischung mit einem Stabmixer oder in einem leistungsstarken Mixer, bis sie vollkommen glatt ist. Sollte die Mischung zu dick sein, können Sie nach Belieben noch etwas Brühe oder Wasser hinzufügen.

4 Schmecken Sie das Gazpacho mit Salz und Pfeffer ab und überführen Sie es in den Ninja Creami Behälter. Stellen Sie sicher, dass der Behälter nicht zu voll ist, um ein Überlaufen beim Gefrieren zu verhindern.

5 Decken Sie den Behälter ab und frieren Sie die Suppe für mindestens 24 Stunden ein.

6 Setzen Sie den gefrorenen Behälter in Ihre Ninja Creami Maschine ein und wählen Sie das Smoothie-Bowl-Programm, um die Suppe cremig zu verarbeiten.

7 Servieren Sie das Gazpacho kalt, garniert mit frischen Kräutern wie Dill oder Petersilie, die den Geschmack wunderbar ergänzen.

Extra Programm
Bonus: Toppings oder Swirls

KARAMELLISIERTE PEKANNÜSSE

6 Port. 20 Min. Leicht

Zutaten

150 g Pekannüsse
3 EL brauner Zucker
1 Prise Salz
½ TL Vanilleextrakt

Nährwerte p. P.

210 kcal
9 g Kohlenhydrate
20 g Fett
3 g Eiweiß

1 Verteilen Sie die Pekannüsse auf einem Backblech und rösten Sie sie im vorgeheizten Ofen bei 180 °C, bis sie leicht gebräunt sind, etwa 10 Minuten.

2 In einer Pfanne Zucker, Salz und ein wenig Wasser auf mittlerer Hitze erwärmen, bis der Zucker schmilzt und die Mischung anfängt zu karamellisieren.

3 Nehmen Sie die Pfanne vom Herd, rühren Sie die Vanille ein und geben Sie die gerösteten Pekannüsse dazu. Umrühren, bis die Nüsse gleichmäßig mit dem Karamell überzogen sind.

4 Die karamellisierten Nüsse auf Backpapier ausbreiten und abkühlen lassen.

5 Genießen Sie diese knackigen Pekannüsse als Topping auf einem cremigen Eis, wie zum Beispiel Bourbon-Vanilleeis, für ein zusätzliches Geschmackserlebnis oder nutzen Sie das Extra-Programm, um sie in das Eis einzurühren.

SCHOKOLADEN-GANACHE MIT MEERSALZ

6 Port. 10 Min. Leicht

Zutaten

200 g dunkle Schokolade, hochwertig
120 ml Sahne
1 EL Butter
½ TL feines Meersalz

Nährwerte p. P.

290 kcal
30 g Kohlenhydrate
18 g Fett
4 g Eiweiß

1 Brechen Sie die Schokolade in kleine Stücke und geben Sie sie in eine hitzebeständige Schüssel.

2 Erwärmen Sie die Sahne in einem Topf, bis sie kurz vor dem Kochen steht, und gießen Sie sie dann über die Schokolade.

3 Rühren Sie die Mischung, bis die Schokolade vollständig geschmolzen und die Masse glatt ist.

4 Mischen Sie die Butter und das Meersalz unter, bis alles eine homogene Konsistenz erreicht hat.

5 Lassen Sie die Ganache abkühlen, bis sie streichfähig ist.

6 Diese Ganache ist ideal als luxuriöses Topping für jedes Eis, besonders köstlich auf einem einfachen Vanilleeis oder einem intensiven Schokoladeneis, wo sie eine salzig-süße Note beiträgt oder nutzen Sie das Extra-Programm, um sie in das Eis einzurühren.

GERÖSTETE KOKOSFLOCKEN

variabel

20 Min.

Leicht

Zutaten

200 g Kokosflocken

Nährwerte p. P.

variabel, je nach Menge und Produktart

1 Verteilen Sie die Kokosflocken gleichmäßig auf einem Backblech. Rösten Sie die Kokosflocken im vorgeheizten Backofen bei 180 °C (Ober-/Unterhitze), bis sie goldbraun und duftend sind, was etwa 10 Minuten dauern sollte.

2 Lassen Sie die Kokosflocken nach dem Rösten abkühlen, damit sie ihre knusprige Textur entwickeln.

3 Ideal als knackiges Topping auf tropischen Eiscremes und Sorbets, wie Mango oder Ananas, für eine zusätzliche Textur und ein reiches Kokosaroma oder nutzen Sie das Extra-Programm, um die Flocken in das Eis einzurühren.

HONIG-GLASIERTE WALNÜSSE

6 Port. 20 Min. Leicht

Zutaten

150 g Walnüsse
50 g Honig
1 Prise Salz

Nährwerte p. P.

183 kcal
5 g Kohlenhydrate
17 g Fett
4 g Eiweiß

1 Heizen Sie Ihren Ofen auf 180 °C Ober- /Unterhitze vor.

2 In einer mittelgroßen Schüssel die Walnüsse mit dem Honig und 1 Prise Salz vermengen, bis die Nüsse gleichmäßig überzogen sind.

3 Verteilen Sie die Walnüsse auf einem mit Backpapier ausgelegten Backblech.

4 Rösten Sie die Walnüsse im Ofen für etwa 10 Minuten oder bis sie goldbraun und glänzend sind.

5 Nehmen Sie die Walnüsse aus dem Ofen und lassen Sie sie vollständig abkühlen. Sie werden beim Abkühlen knusprig.

6 Ideal als knuspriges Topping für Eiscreme, besonders lecker auf Schokoladen- oder Vanilleeis, um eine süße und nussige Note zu verleihen oder nutzen Sie das Extra-Programm, um die Walnüsse in das Eis einzurühren.

PISTAZIEN-KRÜMEL

6 Port.

20 Min.

Leicht

Zutaten

150 g Pistazien, ungesalzen
1 EL Zucker
¼ TL Salz
1 TL Olivenöl

Nährwerte p. P.

180 kcal
8 g Kohlenhydrate
14 g Fett
5 g Eiweiß

1 Heizen Sie Ihren Ofen auf 180 °C (Ober-/Unterhitze) vor.

2 Pistazien in einer Schüssel mit Zucker, Salz und Olivenöl vermischen, bis alles gleichmäßig beschichtet ist.

3 Die Pistazien auf ein mit Backpapier ausgelegtes Backblech legen und gleichmäßig verteilen.

4 Die Pistazien etwa 10 Minuten rösten, bis sie leicht goldbraun und duftend sind.

5 Lassen Sie die Pistazien nach dem Rösten vollständig abkühlen und hacken Sie sie dann grob, um Krümel zu erhalten.

6 Die Pistazien-Krümel sind eine ausgezeichnete Ergänzung zu Eiscremes mit Vanille- oder Schokoladengeschmack, um eine knackige Textur und einen nussigen Geschmack zu bieten – oder nutzen Sie das Extra-Programm, um sie in das Eis einzurühren.

ZITRONEN-BASILIKUM-SIRUP

6 Port.

15 Min.

Leicht

Zutaten

Saft von 4 großen Zitronen
200 g Zucker
250 ml Wasser
10 große Basilikumblätter

Nährwerte p. P.

90 kcal
22 g Kohlenhydrate
0 g Fett
0 g Eiweiß

1 Zitronensaft, Zucker und Wasser in einem kleinen Topf zum Kochen bringen und rühren, bis der Zucker vollständig aufgelöst ist.

2 Basilikumblätter hinzufügen und die Mischung für etwa 1 Minute leicht köcheln lassen.

3 Nehmen Sie den Topf vom Herd und lassen Sie die Mischung abkühlen, wobei die Basilikumblätter weiterhin in der Flüssigkeit ziehen sollten.

4 Sobald die Mischung Raumtemperatur erreicht hat, seihen Sie die Flüssigkeit durch ein feines Sieb, um die Basilikumblätter zu entfernen.

5 Füllen Sie den Sirup in eine saubere Flasche und bewahren Sie ihn im Kühlschrank auf.

6 Dieser Sirup eignet sich hervorragend, um Desserts einen frischen und aromatischen Kick zu geben oder nutzen Sie das Extra-Programm, um den Sirup in das Eis einzurühren. Besonders lecker schmeckt er über oder im Sorbet.

ESPRESSO-SCHOKOLADEN-SPLITTER

6 Port. 20 Min. Leicht

Zutaten

200 g dunkle Schokolade
2 TL Espresso-Pulver

Nährwerte p. P.

220 kcal
18 g Kohlenhydrate
14 g Fett
3 g Eiweiß

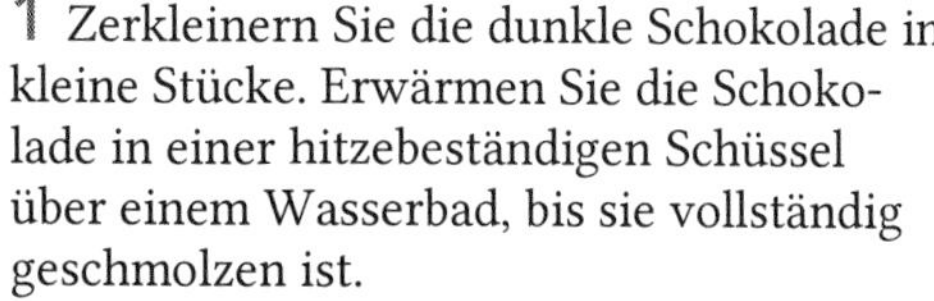

1 Zerkleinern Sie die dunkle Schokolade in kleine Stücke. Erwärmen Sie die Schokolade in einer hitzebeständigen Schüssel über einem Wasserbad, bis sie vollständig geschmolzen ist.

2 Rühren Sie das Espresso-Pulver in die geschmolzene Schokolade ein, bis es vollständig eingearbeitet ist.

3 Gießen Sie die Schokoladen-Espresso-Mischung auf ein mit Backpapier ausgelegtes Backblech und verteilen Sie es gleichmäßig.

4 Lassen Sie die Schokolade bei Raumtemperatur abkühlen und fest werden, dann brechen Sie sie in unregelmäßige Stücke.

5 Bewahren Sie die Espresso-Schokoladen-Splitter in einem luftdichten Behälter auf, um die Frische zu erhalten.

6 Verwenden Sie diese Splitter, um Vanilleeis oder Kaffeeeis für ein extra Aroma und knusprige Textur zu veredeln oder nutzen Sie das Extra-Programm, um sie in das Eis einzurühren.

GERÖSTETE HASELNUSSKRÜMEL

6 Port. 20 Min. Leicht

Zutaten

150 g Haselnüsse

Nährwerte p. P.

190 kcal
5 g Kohlenhydrate
18 g Fett
4 g Eiweiß

1 Heizen Sie Ihren Ofen auf 180 °C (Ober-/Unterhitze) vor. Verteilen Sie die Haselnüsse auf einem Backblech und rösten Sie sie etwa 10 Minuten lang, bis sie goldbraun und aromatisch sind.

2 Lassen Sie die gerösteten Haselnüsse etwas abkühlen und hacken Sie sie dann grob, um eine krümelige Textur zu erhalten.

3 Bewahren Sie die Haselnusskrümel in einem luftdichten Behälter auf, um sie frisch zu halten.

4 Diese knusprigen Haselnusskrümel eignen sich hervorragend als Zusatz zu cremigen Desserts wie Schokoladeneis oder nutzen Sie das Extra-Programm, um sie in das Eis einzurühren.

INGWER-KARAMELL-SWIRL

6 Port.

20 Min.

Mittel

Zutaten

200 g Zucker
120 ml Sahne
20 g frischer Ingwer, fein gehackt
30 g Butter

Nährwerte p. P.

320 kcal
40 g Kohlenhydrate
18 g Fett
1 g Eiweiß

1 Erhitzen Sie den Zucker in einem Topf auf mittlerer Stufe, bis er schmilzt und eine goldene Farbe annimmt.

2 Fügen Sie den gehackten Ingwer hinzu und rühren Sie kurz um, um die Aromen freizusetzen.

3 Gießen Sie behutsam die Sahne ein und achten Sie darauf, vorsichtig zu sein, da die Mischung sprudeln wird. Rühren Sie kontinuierlich, bis eine glatte Karamellmasse entsteht.

4 Nehmen Sie den Topf vom Herd und rühren Sie die Butter unter, bis sie vollständig eingearbeitet ist. Lassen Sie das Karamell abkühlen, bevor Sie es in ein geeignetes Gefäß füllen.

5 Der Ingwer-Karamell-Swirl verleiht besonders Schokoladen- oder Vanilleeis mit dem Extraprogramm eingerührt eine exotische Note.